CÓMO HACER QUE TE PASEN COSAS MALAS

APRENDE DE LO MALO, PARA EVITARLO

JOSÉ PEÑA COTO

JOSEPENACOTO.COM

ÍNDICE

INTRODUCCIÓN

Un viaje que termina...

Sé realmente completo y todas las cosas vendrán a ti.
Lao Zi

La vida no es ni corta ni larga, pero sí limitada, al menos a día de hoy. El futuro tal vez nos ofrezca la inmortalidad, pero esto es algo aún incierto. Esta cruda realidad es la que invita al ser humano a escoger cuidadosamente el destino de su vida. Cualquier tropiezo en el camino puede convertirse en un error fatal.

No prestar atención a la oscuridad del mundo no hace que la oscuridad desaparezca. Centrarse siempre en lo positivo es negar lo negativo. Cerrar los ojos ante la crueldad del universo no hace que la crueldad deje de existir. Por ello, reconocer las tinieblas del mundo es necesario para cualquiera deseoso de vivir una vida plena.

Los horrores del mundo deben estar presentes en la mente de aquellos cuyo objetivo es reconocer la verdadera naturaleza de la existencia. Lo bueno y lo malo conviven. Gran parte del malestar de la sociedad no viene de centrarse en lo oscuro, sino de evitarlo. Nacer y desarrollarse en una cultura que enfatiza lo positivo produce personas incapaces de sostenerse frente a la inevitable brutalidad de la vida.

Las burbujas que la sociedad ha creado para justificar el bienestar mental del homo sapiens tienden a generar el efecto opuesto. Cuando la burbuja explota, la vida se presenta como una insoportable tortura en la que no hay salida. Si nos centrásemos más en lo malo, en lo negativo, en lo verdaderamente terrible de existir, podríamos afrontar mejor los brutales golpes que siempre están por venir en la vida de cualquier persona. Cuando miramos al abismo, el abismo puede pasar a sorprendernos, a admirarnos y a nutrirnos de energía para afrontar desafíos. Lo positivo y lo negativo no existe. Solo hay una realidad que juzgamos con etiquetas. Esas etiquetas son prácticas, pero deberíamos ser conscientes de su limitada naturaleza. Este libro se titula *Cómo hacer que te pasen cosas malas*, ya que es un intento por compensar el desequilibrio actual de ideologías que proponen focalizarse en los aspectos positivos de la existencia. El libro más completo e interesante tendría que titularse *Cómo hacer que te pasen cosas buenas y malas*.

Desde pequeños nos encerramos en un mundo de colores artificiales. Cuando las luces del espectáculo se apagan, el escenario es desolador. Utilizamos la tecnología como un escudo frente a la cruda realidad. Lamentablemente, ese escudo tiene límites que no podemos esquivar. La sedación constante con estímulos y positividad forzada da paso a la tristeza de descubrir que el mundo real es frío y no tiene compasión por tus emociones.

Aunque la mayoría de la población consume carne de animales, pocos son los que podríamos matar con nuestras propias manos a los seres que comemos. Como no queremos enfrentarnos a la brutalidad de criar industrialmente animales con el fin de asesinarlos, vivimos aislados de esa realidad. Solo tenemos contacto con el producto final empaquetado de colores. Esta tendencia por evitar enfrentarnos a la realidad es la que define al mundo moderno. Estamos encerrados en nuestra propia realidad de cartón piedra. La guerra se ve desde fuera.

La mierda desaparece por un tubo con agua. Pero la falsa realidad siempre tiene una fecha de expiración. La realidad se filtra por cualquiera de los espacios que siempre quedan en los débiles muros que construimos. Cuanto más tratamos de ocultar y contener al mundo real, más poderoso es su retorno.

Frente a la cruda realidad, muchos de los titulados en psicología humana han optado por ofrecer filosofías con mensajes positivos que contribuyen a intensificar la sedación de la población. Al igual que los fármacos, sus mensajes tienen el poder cortoplacista de reducir los dolores del alma. En ocasiones son efectivos, pero con el tiempo, esos parches de mensajes positivos se desvanecen y revelan el horror que no quisimos mirar cara a cara. Que nadie os engañe. La vida puede y suele ser dura. Aquellos centrados en recalcar las maravillas de vivir suelen hacerlo por interés propio. Los psiquiatras nutren sus vidas del malestar de la sociedad, independientemente de que su labor pueda ser sincera y valiosa para aquellos que sufren. La secta de las sonrisas y el bienestar emocional es tan nociva como aquella de los deprimidos y los pesimistas. Cualquiera que aspire a posicionarse en el centro de las cosas reconocerá que la existencia está llena de altibajos. Aspirar a la felicidad es un objetivo peligroso, pues ¿quién puede ser verdaderamente feliz en un mundo en el que a diario hay injusticias, asesinatos, opresión, traición, abusos, violaciones y guerras? Solo los ensimismados podrían proponer la posibilidad de ser verdaderamente felices. Solo los egoístas, los narcisistas y los psicópatas tienen la piel lo suficientemente gruesa como para proponer alcanzar la felicidad. Aquellos que tienen los pies en el suelo asumen que la felicidad es una utopía, una guía hacia un mundo mejor. Querer alcanzar la felicidad a cualquier precio es aceptar que el fin justifica los medios. Para muchos da igual que el mundo se caiga a su alrededor mientras ellos sean capaces de alcanzar la felicidad. El abuso del pensamiento positivo lleva a convertir a las personas en seres centrados en sí mismos que desdeñan todo aquello que pueda perturbar su artificial paz interior. Los seguidores de estas ideologías alcanzan una empobrecida felicidad que se sustenta en evitar a las personas y situaciones que catalogan como "tóxicas". Para sorpresa de muchos, la mayor toxicidad está en ellos mismos, cubierta de aparentes ideas positivas.

Centrarnos en lo positivo nos está llevando a olvidarnos de lo negativo. Algunos creen que por mirar siempre hacia lo bueno lo malo desaparecerá, pero no es así. Debe haber un equilibrio, y ese equilibrio requiere constante atención, ya que también es una utopía. No hay nadie que esté en el centro de las cosas. Todos debemos trabajar a diario en alcanzar ese equilibrio. Si crees que lo has alcanzado, esa es precisamente la prueba de que aún no lo has hecho.

Tanto en las relaciones personales, como en los negocios o en la salud, tan importante es considerar los caminos del éxito como los del fracaso. Toda una vida llena de victorias puede terminar en un momento por un paso erróneo. Saber qué no hacer refleja una sabiduría de contención que va en contra de la corriente de gratificación instantánea que permea nuestra cultura. Reconocer el valor de la paciencia, la prudencia y la consideración a largo plazo son valores esenciales para lograr cualquier forma de éxito duradero o satisfacción personal.

1

DESTINO: LA INFELICIDAD

Seamos sinceros, por muy plena que llegue a ser tu vida, el destino al que se dirige es trágico. Pongamos que consigues alcanzar una vida de sentido, abundante y próspera descendencia, éxito y relaciones humanas profundas. Incluso si alcanzas todo esto, hay algo inevitable a lo que te tocará enfrentarte, la muerte. Tu cuerpo va corrompiéndose con el paso de los años y su destino final es inevitable. No en vano, una gran parte de la población mundial es religiosa. Seas creyente o no, la muerte en esta vida te va a tocar. Tú y tu próspera familia vais a perecer. Si tienes hijos, los hijos de tus hijos se enfrentarán a enfermedades, violencia y fracasos hasta desaparecer de la faz de la Tierra, o de Marte. Si hoy estamos vivos es porque miles y miles de años atrás nuestros antepasados lucharon por su supervivencia haciendo uso de aspectos de la naturaleza humana que hoy condenamos. Para bien o para mal, la sangre de sus manos nos ha dado la oportunidad de existir. El futuro es incierto, pero cabe pensar que el camino hacia delante no va a ser necesariamente más bonito y fácil que el pasado. Por ello, tratar de mirar hacia la realidad de la manera más completa posible es importante. Si aplicamos demasiados filtros de positividad o negatividad, corremos el riesgo de engañarnos distorsionando aquello que tenemos delante.

A pesar de los muchos avances de la humanidad, el ser humano sigue desconociendo los aspectos fundamentales de la existencia. Probablemente, pensadores de hace más de dos mil años atrás tenían un entendimiento más acertado de los pilares esenciales de la vida que el ciudadano medio global actual. Los avances de la tecnología y sus descubrimientos no implican necesariamente que nos hayamos aproximado más a las verdades más profundas y esenciales que dan forma a la realidad. Seguimos viviendo suspendidos en un vasto espacio que no comprendemos en su totalidad. Nuestra confianza es falsa. No debería haber confianza ante la ignorancia. Deberíamos ser humildes frente a los misterios a los que nos enfrentamos.

En este mundo de avances tecnológicos y conquistas científicas, nos engañamos pensando que tenemos el control sobre la naturaleza y, por extensión, sobre nuestras vidas. Esta ilusión de control se extiende a todos los aspectos de nuestra existencia, desde la gestión de nuestra salud hasta la creación de ecosistemas digitales que prometen mantenernos seguros y conectados. La realidad es que seguimos sujetos a las mismas leyes naturales y caos de la naturaleza humana que nuestros ancestros, aunque con diferentes disfraces.

El ser humano tiene el mismo control sobre sí mismo que las primeras formas de vida que surgieron en la Tierra en forma de organismos unicelulares en las profundidades de los océanos. A pesar de los miles de millones de años de evolución y los avances tecnológicos y culturales, en el fondo, seguimos sujetos a las mismas fuerzas fundamentales que guiaban a aquellos organismos primigenios: la supervivencia, la reproducción y la adaptación al entorno.

A nivel superficial, podríamos argumentar que el ser humano, con su capacidad para razonar, planificar y modificar su entorno, ejerce un control mucho mayor que cualquier organismo unicelular. Sin embargo, esta percepción de control es una ilusión. Al igual que aquellos primeros organismos, estamos impulsados por necesidades biológicas y procesos químicos sobre los que tenemos poco o ningún control. Nuestros deseos, miedos, decisiones e incluso nuestros pensamientos más elevados están profundamente arraigados en mecanismos biológicos diseñados para la supervivencia y la reproducción.

El ser humano se distingue de la mayoría de otros seres vivos en su conciencia de sí mismo y en la complejidad de sus estructuras sociales y culturales. Sin embargo, incluso esta conciencia y complejidad están enraizadas en procesos biológicos y evolutivos. Nuestra capacidad para reflexionar sobre nuestra existencia, crear arte, ciencia y filosofía, aunque nos eleva en complejidad, no nos libera de las cadenas de la biología y la física que rigen todo el universo.

Reconocer que tenemos tanto control sobre nosotros mismos como los primeros organismos unicelulares que dieron paso a más complejas formas de vida no es necesariamente un motivo de desesperación, sino una invitación a aceptar nuestra parte en el espectáculo de la naturaleza. Esta aceptación puede liberarnos de la carga de tratar de controlar cada aspecto de nuestras vidas y, en su lugar, inspirarnos a vivir con una mayor conciencia de nuestra conexión con todo lo vivo y con el universo mismo. La lección más profunda que podemos aprender de esta idea es la humildad. La humildad de saber que, a pesar de todo nuestro conocimiento y tecnología, somos solo una pequeña parte de un proceso cósmico mucho más grande, impulsado por fuerzas que trascienden nuestra comprensión, al menos a día de hoy.

La infelicidad, a menudo vista como un estado a evitar a toda costa, puede ser tan noble como la felicidad. Solo aquellos que se han adentrado en las cavernas de la infelicidad conocen la profundidad de la experiencia humana. Este enfoque no busca idealizar el sufrimiento ni subestimar el valor de la felicidad, sino reconocer el valor de experimentar la gama completa de experiencias emocionales humanas.

La infelicidad a menudo actúa como un catalizador para el crecimiento personal y la transformación. A través del descontento, la frustración y el dolor, somos empujados a examinar nuestras vidas, nuestras decisiones y nuestros valores más de cerca. Este proceso de introspección suele llevar a cambios significativos que mejoran nuestra calidad de vida. La felicidad constante, aunque cómoda, puede llevarnos a la complacencia y al estancamiento. Al igual que la muerte, las violaciones y las guerras del pasado han servido como terreno fértil de familias prósperas, la infelicidad también ha servido como una poderosa fuente de inspiración, enriqueciendo la cultura humana. Reconocer y abrazar nuestros momentos de dolor nos permite vivir con mayor integridad, en lugar de esconder o reprimir nuestras verdaderas emociones bajo la apariencia de sonrisas falsas.

Baja autoestima e infelicidad

¿Y si la baja autoestima y la infelicidad fueran necesarias en ciertos contextos? ¿Y si estas emociones fueran mecanismos esenciales de supervivencia y adaptación?

La baja autoestima, a menudo demonizada como un defecto a corregir, puede ser una respuesta comprensible y genuina a ciertas experiencias de vida. No todos nacen o crecen en circunstancias que fomentan un sentido positivo de sí mismos. Para algunas personas, la baja autoestima es el reflejo de un entorno que constantemente socava su valor y dignidad. La baja autoestima puede servir como un mecanismo de autoprotección. En un entorno hostil o en relaciones abusivas, minimizar la propia valía puede ser una forma de evitar conflictos o de reducir la expectativa de éxito, lo que a su vez disminuye el potencial de decepciones y rechazo.

La infelicidad no es simplemente un estado negativo a evitar a toda costa. Puede ser un indicador vital de que algo fundamental está mal en nuestra vida o en nuestro entorno. Ese indicador vital de que algo no está bien difícilmente va a ser corregido adoptando la filosofía de "sé más positivo". La infelicidad que abunda en la sociedad no viene de "no ser lo suficientemente positivos", sino de llevar un estilo de vida que nos perjudica. El cuento de hadas continuo de felicidad y éxito al que aspiramos contrasta fuertemente con una realidad de dolor y desesperación. El placer y la felicidad a los que aspiramos constantemente son nuestra condena.

La sociedad donde todos tenemos una autoestima elevada y somos invariablemente felices es la pesadilla que los expertos de la mente nos venden como promesa de un mundo mejor. Al igual que un ecosistema requiere de una variedad de especies para funcionar saludablemente, una sociedad necesita una gama de experiencias emocionales para mantener su equilibrio. La baja autoestima y la infelicidad ocupan un lugar de tanto o mayor valor que la alta autoestima y la felicidad. De la misma forma que la introversión tiene tanto o más valor que la extroversión.

En un mundo dominado por la extroversión, se ha gestado la creencia generalizada de que ser extrovertido es sinónimo de ser más exitoso, deseable y adaptado. Esta idea, perpetuada por extrovertidos y reforzada por estructuras sociales y culturales, ha llevado a una infravaloración de las cualidades de los introvertidos, y a una preferencia por un tipo de personalidad que se ajusta más a los ideales de sociabilidad y visibilidad. Dominar el hablar en público o cómo ganar amigos e influir sobre las personas se han convertido en capacidades indispensables en las mentes de los borregos que siguen al rebaño. Vivimos en lo más alto de la glorificación de la extroversión.

Por el contrario, la introversión a menudo se malinterpreta como timidez, retraimiento o incluso antisocialidad. Las escuelas fomentan la participación en clase y el trabajo en grupo, mientras que en el lugar de trabajo, se valoran las habilidades de presentación y el cómo hacer contactos. Esto lleva a una subestimación del potencial de aquellos que prefieren la reflexión solitaria o que se desempeñan mejor en entornos menos estimulantes. De forma parecida, tendemos a subestimar el potencial y sabiduría de aquellos con baja autoestima e infelices.

Hay quien disfruta yendo a la frutería a conversar con el frutero. No hay razón para sentirse mal si no eres una de esas personas. Mi papel al entrar en la frutería es el de cliente. Mi trato es cordial. No apunto en libretas los nombres de aquellos con los que interactúo. Si me acuerdo de sus nombres será porque hay razones para ello. Si alguien que apenas conozco repite mi nombre repetidamente, sospecho de él. Alguien que apunta mi nombre y circunstancias con el fin de ejercer mayor influencia sobre mí no es digno de confianza.

En una sociedad que rinde culto a la extroversión y al carisma, la historia de Albert Einstein se erige como un poderoso contrapunto. Su introversión, lejos de ser una barrera, se convirtió en el motor de un impacto transformador en el mundo moderno, superando en alcance y profundidad a los líderes extrovertidos que a menudo ocupan el centro de atención.

Einstein, un introvertido por naturaleza, halló en su inclinación hacia la introspección y el pensamiento independiente las herramientas para desentrañar algunos de los misterios más profundos del universo. Su habilidad para sumergirse en el silencio y contemplar el mundo desde una perspectiva única fue fundamental en el desarrollo de sus teorías revolucionarias que desafiaron y transformaron la física.

Si Einstein hubiese seguido la hoja de ruta de los expertos actuales en psicología, tal vez las horas que dedicó a la elaboración de sus teorías las hubiese dedicado a terapias interminables cuyos beneficios más tangibles se hubiesen concretado en aumentar el volumen de los bolsillos de sus terapeutas.

A diferencia de muchos líderes extrovertidos, cuya influencia suele ser efímera y a menudo limitada a su presencia física y carisma, el legado de Einstein trasciende el tiempo y el espacio. Su influencia no se basó en la retórica o en la habilidad para cautivar a grandes audiencias, sino en la profundidad de sus ideas y su capacidad para ver más allá de las convenciones establecidas. Su Teoría de la Relatividad no solo cambió el curso de la física, sino que también tuvo implicaciones prácticas enormes sobre las que aún estamos construyendo y definiendo el mundo moderno.

Einstein demostró que el pensamiento independiente y profundo, características típicas de la introversión, pueden llevar a innovaciones y descubrimientos que cambien el mundo. En una era donde la voz alta y la presencia dominante son a menudo confundidas con el liderazgo efectivo, Einstein representa el poder transformador de la reflexión tranquila y la curiosidad insaciable.

Los introvertidos a menudo se sienten presionados a adoptar características extrovertidas para tener éxito o ser aceptados socialmente. Esta presión no solo es dañina para su autoestima y bienestar, sino que también limita la diversidad de perspectivas y habilidades que pueden aportar a la sociedad. Los introvertidos tienden a ser buenos oyentes, pensadores profundos y trabajadores meticulosos.

La infelicidad y el placer

El sufrimiento y la infelicidad son inevitables, por lo tanto, más te vale familiarizarte con ellos. El placer es intermitente, aparece y desaparece, por lo que lo mejor es no acostumbrarse demasiado a él, no ser su esclavo.

El sufrimiento y la infelicidad son tan ineludibles como el cambio de las estaciones o el flujo de las mareas. La búsqueda de un equilibrio entre la aceptación del sufrimiento y la apreciación del placer es un arte sutil. No se trata de resignarse al dolor o de renunciar al gozo, sino de entender que ambos son aspectos de una vida plena.

El sufrimiento y la infelicidad, lejos de ser meros obstáculos a superar en la búsqueda de una felicidad constante e ininterrumpida, son elementos esenciales de nuestra experiencia humana. Aceptar esta realidad y aprender a navegar la oscilación entre el sufrimiento y el placer nos equipa para vivir con una mayor plenitud y profundidad. En este reconocimiento yace la posibilidad de una vida auténtica y rica en experiencias, donde el placer y el sufrimiento contribuyen por igual al valor de nuestra existencia.

El objetivo de vida que se nos propone a menudo es el objetivo de vida que se vislumbra en un futuro no muy distante en el que la humanidad logra un avance tecnológico sin precedentes: la creación de la Máquina de la Felicidad Eterna.

Esta maravilla de la ingeniería y la neurociencia permite conectarnos a través de una interfaz neural y experimentar un estado continuo de placer puro e ininterrumpido, eliminando efectivamente cualquier atisbo de infelicidad de nuestra conciencia. El poder del pensamiento positivo llevado al extremo.

Desarrollada por un consorcio de científicos, ingenieros, y filósofos, la máquina surge como respuesta a la creciente ola de descontento y malestar psicológico en la sociedad. Utilizando algoritmos avanzados y una comprensión profunda de la química cerebral, la máquina estimula directamente los centros de placer del cerebro, ofreciendo una gama de experiencias que van desde la euforia extática hasta una serenidad profunda y satisfactoria.

La implementación de la máquina transforma la sociedad. Los índices de depresión, ansiedad y otros trastornos mentales caen en picado. El sueño de los psiquiatras se ha hecho realidad. No hay más necesidad de sermonearnos sobre el poder del pensamiento positivo. Sus carreras profesionales han terminado. Objetivo alcanzado. Las diferencias socioeconómicas se desvanecen, ya que el acceso a la máquina se garantiza como un derecho universal del homo sapiens. Los animales domesticables, de crecimiento rápido y con carne y leche nutritiva continúan formando parte de un sistema industrial en el que su derecho a la vida se traduce en el derecho a ser asesinados para servir como alimento de la raza superior. En este mundo, la productividad y la creatividad, paradójicamente, alcanzan nuevos máximos, impulsadas por individuos cuya existencia libre de dolor les permite enfocarse en la innovación y el arte.

Sin embargo, no todos ven la máquina como la panacea para los males de la humanidad. Surge un debate filosófico: ¿Es auténtica una felicidad que se deriva de la estimulación artificial? Algunos argumentan que el sufrimiento y la infelicidad son fundamentales para el crecimiento personal y la empatía de la humanidad. La eliminación total de la infelicidad, sostienen, despoja a la humanidad de su profundidad, de su capacidad para apreciar verdaderamente el placer a través del contraste con el dolor.

Un movimiento, conocido como los Realistas, surge, abogando por la experiencia completa de la vida, con sus altibajos. Este grupo abraza la idea de que el verdadero crecimiento y significado provienen de enfrentar y superar los desafíos, no de evitarlos. Lejos de resolver el dilema del placer y la infelicidad, la máquina lo profundiza, forzando a la humanidad a reflexionar sobre el valor de la vida en su total complejidad. Finalmente, la Máquina de la Felicidad Eterna se impone como la única alternativa. Incluso los Realistas han terminado cediendo a las tentaciones del placer sin fin, libre de las cargas de la cruda existencia humana fuera de la máquina. Las nuevas generaciones desarrollan una cultura en la que consideran bueno y noble vivir y morir conectados. La naturaleza que hizo progresar al homo sapiens en un territorio hostil, es la misma que le condena a desaparecer en la placentera decadencia de la Máquina de la Felicidad Eterna. La máquina es la continuación de la especie. La máquina es el nuevo eslabón de la cadena, cuyo horizonte de miras es más amplio que el de nuestra especie. El origen de la máquina es tan natural como el de los organismos unicelulares en el fondo del océano de los que somos hijos.

La Máquina de la Felicidad Eterna, en su promesa de un placer sin fin, destapa que la felicidad absoluta es nuestro fin, al cual nos aproximamos con cada vez mayor velocidad.

El bienestar

El bienestar, al igual que la felicidad, son quimeras, utopías. La sociedad se ha tomado tan enserio estos ideales que ahora sufre por ellos. En la era de las redes sociales y el consumo desenfrenado, la felicidad se ha convertido en una mercancía, un producto más que buscar en el supermercado de las experiencias vitales. El bombardeo incesante de positividad y éxito no ha hecho más que elevar los estándares de lo que significa ser feliz, dejando a muchos sintiéndose como fracasados.

La noción de que elevar los estándares de la felicidad podría funcionar como un estímulo para el progreso individual y colectivo es tentadora. La idea sugiere que, al aspirar a una mayor felicidad, las personas se motivarían a mejorar en todas las áreas de sus vidas, buscando la excelencia personal, profesional y espiritual. Sin embargo, esta premisa, aunque atractiva, no considera las consecuencias no intencionadas de tal elevación de expectativas sobre la felicidad.

La insatisfacción crónica derivada de no alcanzar los elevados estándares de felicidad conduce a un aumento en la ansiedad y la depresión. La constante comparación con ideales inalcanzables erosiona la autoestima, fomenta la envidia y alimenta un ciclo de descontento perpetuo. La sociedad se ha vuelto más propensa a buscar soluciones rápidas y gratificaciones instantáneas.

La elevación de los estándares de la felicidad y sus efectos corrosivos sobre la sociedad moderna encuentran un espejo histórico en la decadencia del Imperio Romano.

La globalización ha traído consigo una interconexión y complejidad sin precedentes que recuerda a la expansión del Imperio Romano. Las economías y culturas del mundo están ahora intrincadamente entrelazadas, creando desafíos administrativos y logísticos enormes en términos de gobernanza, comercio internacional y gestión de crisis globales. Esta complejidad a menudo sobrepasa la capacidad de las instituciones existentes para gestionar eficazmente los problemas, llevando a ineficiencias y al descontento público, tal y como ocurrió en los últimos años del Imperio Romano.

La diversidad cultural en la sociedad moderna también genera tensiones que derivan en el auge del nacionalismo, el populismo y los movimientos separatistas. La lucha por una cohesión social en medio de la diversidad refleja los desafíos a los que el Imperio Romano no pudo hacer frente. La integración de diversas culturas bajo un único estandarte político y social es una tarea difícil, si no imposible.

La desigualdad económica también tiene un paralelo directo con la situación de la caída del Imperio Romano. La concentración de la riqueza en manos de una élite generó descontento y desestabilización social, minando la confianza en las instituciones y el sistema económico de una sociedad marcada por el consumismo, el hedonismo y la erosión de valores comunitarios y familiares.

La idea de bienestar está siendo cultivada por una industria multimillonaria que promete salud eterna, juventud perpetua y equilibrio emocional inquebrantable a través de productos, terapias y técnicas que, a menudo, ofrecen más espejismos que soluciones reales. Incluso en ocasiones sus soluciones se vuelven parte de la enfermedad. Esta obsesión por el bienestar absoluto nos ha hecho vulnerables a experimentar la enfermedad, el cansancio, el estrés o cualquier otra forma de malestar, como si estos estados fueran fallos personales y no aspectos naturales de nuestra condición humana.

Enfermar es inevitable, a menos que te mueras en un accidente. No puedes evitar la enfermedad. En el siglo veintiuno no hay nada que erradique las enfermedades. Morir de viejo es morir por un cúmulo de enfermedades.

Al contrario de lo que nos tratan de adoctrinar las sectas del pensamiento positivo, las sonrisas no son universales. La interpretación de las sonrisas varía significativamente de una cultura a otra. En algunas culturas asiáticas, como la japonesa, una sonrisa puede usarse en situaciones incómodas o embarazosas como una forma de ocultar las emociones reales.

De la misma forma, no todas las familias muestran los mismos signos de afecto. Se ha vuelto común el considerar que aquellos padres que no acostumbran a abrazar a sus hijos o a verbalizar constantemente lo mucho que les quieren son fríos y distantes. Algunos terapeutas ya han catalogado esta realidad como traumática y tóxica. Solo las personas ancladas en la superficialidad pueden creer que el amor es algo que siempre deba ser materializado en sonrisitas, abracitos y palabras de amor. No, el amor puede ser eso, pero no necesariamente. La mayor fuerza del amor no se transmite con palabras o caricias. La ideología del amor moderno reflejada en la población contribuye a que una gran parte de matrimonios termine en divorcio.

El intercambio de palabras de afecto, sonrisas y abrazos es tan fácil de hacer que apenas tiene valor. Vivimos rodeados de palabras, sonrisas y abrazos falsos. La expresión de felicidad en nuestros rostros no debería ser la norma. Mostrar cortesía y respeto no requiere de una sonrisa. Aquellos que ofrecen amor fácilmente es porque su amor carece de valor. Si realmente amas a una persona, ese amor no lo puedes multiplicar indefinidamente. La energía que tenemos para amar es limitada. Nadie tiene la capacidad de amar sin límites. Aquellos que proclaman amar sin límites son los mismos que proclaman no amar nada. Lo abarcan todo y nada.

La actitud del médico agrava el dolor

¿Y si, en su fervor por curar, la medicina moderna estuviera sembrando las semillas de nuevos problemas, quizás más complejos y enredados que aquellos que busca resolver?

La medicina, en su esencia, busca erradicar la enfermedad y aliviar el sufrimiento. Sin embargo, en este noble empeño, a menudo incurre en un ciclo de intervenciones que desencadena en efectos secundarios, dependencias y nuevas patologías, especialmente en una cultura de medicalización excesiva, donde las variaciones normales de la experiencia humana se patologizan y se tratan con medicamentos. La distinción entre enfermedad y salud se vuelve borrosa, y el consumidor es incentivado a buscar soluciones farmacológicas para problemas que requieren cambios en el estilo de vida.

El ser humano se está acercando a colonizar Marte, mientras desarrolla inteligencias artificiales que superan a muchas de las inteligencias naturales. Los chips que fusionan el cerebro con el mundo digital ya son una realidad. A pesar de todo este progreso, ningún experto es capaz de aliviar el dolor de espalda de mi vecino Mariano.

Los avances en medicina contrastan enormemente con sus retrocesos. El juego de roles en la consulta suele posicionar al médico por encima del bien y el mal. El paciente, en ocasiones con un estado de salud mental y físico superior al del médico que le atiende, paga por recibir un servicio de dudosa efectividad.

Mientras más grandiosos son nuestros logros científicos, más nos alejamos de las realidades humanas básicas. La actitud del médico, a menudo ensalzada en un pedestal de autoridad inquebrantable, se convierte en un factor que no solo no alivia, sino que agrava el dolor. Este fenómeno, donde el médico actúa como un demiurgo distante, dictando tratamientos desde una torre de marfil, olvida que la medicina es un arte profundamente humano, arraigado en la conexión y el entendimiento mutuo.

El juego de roles en la consulta médica, cargado de jerarquías y protocolos, a menudo resulta en una desconexión donde el paciente, Mariano en este caso, se convierte en un espectador de su propio proceso de curación, que nunca llega. La complejidad de tratamientos y herramientas no son capaces de solucionar su problema de espalda, arraigado en una cultura tecnológicamente avanzada que ignora algo tan básico como posicionar el cuerpo adecuadamente. Si hay una profesión que requiere humildad es la medicina.

A pesar de vivir en una era de información sin precedentes, donde uno podría esperar que la colaboración médico-paciente floreciera, el modelo continúa relegando al paciente a un papel pasivo. Mariano, con su dolor de espalda persistente, se enfrenta no solo a su malestar físico sino también al sentimiento de frustración tras consultar a múltiples expertos de medicina que le dicen cosas diferentes, ya que ninguno de ellos tiene el sentido común de las tribus africanas que no han olvidado el arte de saber sentarse y posicionar su cuerpo de manera sostenible.

Los médicos desarrollan la falsa sensación de dominar la medicina tras innumerables horas de estudio y práctica a lo largo de muchos años. La profunda especialización contrasta con la falta de competencia en áreas fundamentales de la salud como es el sueño, materia apenas enfatizada en la educación médica general.

La cantidad de tiempo dedicado al estudio del sueño en los currículos médicos es sorprendentemente limitada, considerando su relevancia para la salud. En muchas instituciones, el tema del sueño se aborda de manera tangencial o se incluye como un subtema dentro de otros módulos, en lugar de ser tratado como un campo de estudio integral en sí mismo. Esto deja a los futuros médicos con una comprensión básica, en el mejor de los casos, de los trastornos del sueño y su manejo, a pesar de que problemas como el insomnio, la apnea del sueño y el síndrome de las piernas inquietas son extremadamente comunes en la población general.

La ironía de que los médicos, guardianes de la salud, se encuentren entre los más propensos a desatender su propio sueño, refleja una desconexión preocupante entre el conocimiento médico y la práctica. Sus propios patrones de sueño son sacrificados en el altar del deber y la responsabilidad. Esta contradicción se origina y se perpetúa debido a las exigencias inherentes a su formación y a la estructura de trabajo, especialmente notoria durante las largas y extenuantes guardias. Tal vez la notable falta de formación sobre el sueño en los médicos sea una táctica deliberada para mantenerles trabajando sin rechistar, a expensas de su salud y la de sus pacientes.

El sufrimiento no tiene un sentido

La necesidad humana de encontrar razón y orden en el caos de la existencia nos impulsa a asignar significado al sufrimiento, una forma de control mental sobre lo incontrolable. Esta búsqueda, aunque comprensible, puede llevarnos a una falacia peligrosa: la creencia de que todo dolor es una lección disfrazada, un escalón hacia una iluminación mayor. No, el sufrimiento puede y suele carecer de sentido. ¿Qué sucede cuando el sufrimiento es tan profundo, tan arrollador, que cualquier intento de encontrarle propósito se siente hueco, una burla a la agonía vivida?

La realidad es que el sufrimiento a menudo surge sin advertencia, sin razón, arraigado en la aparente aleatoriedad del universo más que en una arquitectura moral o cósmica definida. Enfermedades devastadoras, catástrofes naturales, crueles actos de violencia: estos eventos no discriminan, golpeando con indiferencia tanto a los justos como a los injustos. En estos momentos, la idea de que "todo sucede por una razón" no solo se siente insuficiente, sino también insensible.

En la aceptación de que el sufrimiento tal vez no tenga un sentido, puede residir una forma de liberación. Liberarse de la carga de tener que encontrar un propósito detrás de cada dolor permite enfrentar el sufrimiento por lo que es: una parte de la experiencia humana, ni un castigo ni una recompensa, sino simplemente un hecho de la vida. Esta aceptación no disminuye el dolor, pero puede cambiar nuestra relación con él, permitiéndonos enfocarnos en el cómo vivir con el sufrimiento, en lugar del porqué.

Si el sufrimiento carece de sentido, entonces el acto de aliviar el dolor de otro adquiere un valor intrínseco aún mayor. La compasión, la empatía y el apoyo mutuo se convierten en respuestas humanas fundamentales que no buscan justificar el sufrimiento, sino simplemente aliviarlo. La solidaridad y el amor emergen no como respuestas a una pregunta cósmica, sino como actos de rebelión contra la indiferencia del dolor.

Aceptar que el sufrimiento no tiene sentido no es un acto de nihilismo, sino un reconocimiento de la complejidad y misterio de la vida. Nos desafía a encontrar valor y significado no en el sufrimiento en sí, sino en nuestras respuestas a él: en la capacidad de amar, de soportar, de encontrar momentos de alegría y belleza incluso en la oscuridad. El sentido no se encuentra en por qué sufrimos, sino en cómo vivimos a pesar de ese sufrimiento.

2

LA FUENTE DEL SUFRIMIENTO: EL AMOR

El amor es un noble sentimiento que, en su máxima expresión, eleva el alma, ilumina la existencia y otorga profundidad a la vida. Este mismo sentimiento, venerado a través de las eras como la quintaesencia de lo bueno y puro, alberga en su seno una verdad ineludible: es, con frecuencia, la raíz del sufrimiento más profundo y penetrante. El amor es simultáneamente fuente de inmensa alegría y profundo dolor.

Al abrirnos a otro ser, le conferimos el poder de afectarnos de maneras que trascienden la comprensión racional. Esta entrega, aunque generosa, establece el escenario para el sufrimiento, pues en la medida en que amamos, nos exponemos al riesgo de la pérdida, el rechazo y la desilusión. El dolor nacido del amor puede ser tan abrumador precisamente porque el amor es profundo, excepto para aquellos que fuerzan las sonrisas y los abrazos.

La noción de que lo bueno en la vida suele estar ligado al esfuerzo y al dolor, encuentra un paralelo claro en el dominio del amor. La construcción de relaciones significativas, el mantenimiento del afecto a lo largo del tiempo, y la navegación por las complejidades de la intimidad emocional requieren un esfuerzo constante y deliberado. Este trabajo, aunque a menudo arduo y doloroso, es precisamente lo que confiere al amor su valor y su belleza. La profundidad del vínculo amoroso se mide no solo en los momentos de felicidad y placer compartidos, sino en la capacidad de enfrentar y superar juntos las adversidades.

A través del dolor, aprendemos sobre nuestra propia fortaleza, sobre la capacidad de perdonar y ser perdonados, y sobre la profundidad de nuestra capacidad para amar. El sufrimiento puede refinar y purificar el amor, despojándolo de ilusiones y superficialidades para revelar su esencia más verdadera.

Reconocer que el amor puede ser la raíz del sufrimiento no es un acto de cinismo, sino de profunda aceptación de la complejidad de la vida. Aceptar el dolor como parte integrante de la experiencia amorosa nos permite abrazar el amor en su totalidad, con todos sus altibajos, sus alegrías y sus penas.

La intensidad del amor es directamente proporcional a la profundidad del potencial dolor: cuanto más profundo es el amor, más devastadora puede ser la herida. La capacidad de amar lleva consigo la valentía de enfrentar el dolor.

El odio y el buenismo

El odio, no es solo una mancha en el lienzo de la civilización, también ha actuado como un terreno fértil para el crecimiento. El odio ha sido el combustible de revoluciones, el germen de movimientos de independencia y la chispa detrás de reformas sociales que ahora describimos como indispensables. En cada uno de estos momentos, el odio hacia la injusticia, la opresión y la tiranía ha movilizado a las masas hacia objetivos comunes. El odio revela su capacidad para unir a las personas bajo causas comunes, demostrando que, cuando se canaliza adecuadamente, puede ser una fuerza para el bien.

En la era digital, donde los conflictos y las injusticias son a menudo consumidos como espectáculos a través de pantallas, existe una tendencia creciente a condenar toda manifestación de odio, etiquetándolo como una reliquia primitiva incompatible con los valores de una sociedad ilustrada. Esta perspectiva ignora la complejidad del odio como emoción y su potencial constructivo. El odio no siempre es un mal intrínseco a ser erradicado. En lugar de condenar el odio en todas sus formas, podemos aprender a canalizarlo hacia la construcción de una sociedad que, consciente de sus sombras, se esfuerza por utilizarlas como combustible para el bien.

El buenismo, entendido aquí como una tendencia a enfocarse en una positividad y optimismo excesivos, a menudo sin reconocer o confrontar adecuadamente las realidades negativas, tiende a tener efectos contraproducentes. Esta actitud suele conducir a la complacencia, al silencio frente a la injusticia y a la inacción. El exceso de buenismo fomenta una falsa sensación de satisfacción y un aislamiento de los problemas reales, lo que a veces permite que continúen sin ser cuestionados o resueltos. El buenismo puede sacar lo peor de las personas, alentando la indiferencia, la negación de los problemas y la evitación de conflictos necesarios.

El odio puede ser una respuesta natural e instintiva ante percepciones de injusticia, amenaza o daño. En su forma más pura, es una manifestación de nuestros límites, valores y principios más profundos. Sentir odio hacia una persona, una ideología o una creencia que encarna lo que consideramos fundamentalmente erróneo o dañino no es inherentemente negativo; es una confirmación de nuestro compromiso con lo que creemos justo y bueno. Este tipo de odio nos define, nos distingue y nos motiva a actuar en defensa de nuestros valores.

Desde una perspectiva de salud mental, reconocer y aceptar el odio puede ser más sano que suprimirlo. La represión de emociones negativas puede llevar a un estrés psicológico prolongado, manifestándose en ansiedad, depresión o incluso enfermedades físicas. Permitirse sentir odio, en contraste, puede ser un paso hacia el procesamiento y la eventual resolución de estos sentimientos. Las emociones negativas no son tóxicas, son humanas. Los pensamientos positivos crónicos pueden resultar tan perniciosos como los negativos.

La tendencia contemporánea hacia la sedación emocional, impulsada la positividad tóxica y la aversión al conflicto, ha llevado a una represión de emociones consideradas socialmente inaceptables, desencadenando en apatía y desconexión. Esta homogeneización emocional no solo es irreal, sino también perjudicial.

Nos aleja de la autenticidad y nos impide enfrentar y resolver problemas fundamentales.

Reconocer que el odio puede ser justificable y sano es reconocer la complejidad de vivir. No se trata de celebrar el odio, sino de entender su lugar en nuestra vida emocional como un sentimiento que, enfrentado con honestidad y canalizado de manera constructiva, puede ser increíblemente valioso.

La negación del odio no nos hace más virtuosos. El objetivo no es vivir sin odio, sino aprender a vivir con él de una manera que honre nuestros valores más profundos y promueva la justicia y el bienestar común.

3

LA SEDACIÓN

Descubre a tu compañera de ruta

En el torbellino de la era moderna, nos encontramos inmersos en una lucha silenciosa pero implacable contra una fuerza insidiosa: la sedación. Esta no es una sedación física, administrada a través de agujas y goteros, sino una sedación del espíritu, una anestesia del alma que se infiltra en cada grieta de nuestra existencia cotidiana. La sociedad moderna, con su deslumbrante desfile de tecnologías, entretenimientos y comodidades, nos ofrece un pacto con el diablo: la promesa de una vida sin dolor, sin aburrimiento, sin desafío.

En lugar de elevarnos hacia las alturas de nuestras capacidades cognitivas más sofisticadas, la tecnología moderna ha encontrado un nicho peculiar: ha evolucionado para explotar las vulnerabilidades de nuestros mecanismos más primitivos.

Las pantallas brillantes a través de las cuales accedemos al mundo digital son las lámparas que revelan un opio moderno, proyectando una luz hipnótica que nos atrae con la promesa de un escape constante.

Muchas cadenas de restaurantes y cafeterías ofrecen sedación a través de menús repletos de productos con cafeína, azúcar, cacao y burbujas. La ausencia de opciones simples como el agua en sus menús no es un descuido, es una estrategia que refleja una comprensión profunda de las demandas de una sociedad en búsqueda de una constante vía de escape. Al limitar las opciones de bebidas a aquellas que contienen sustancias potencialmente adictivas o estimulantes, explotan las debilidades biológicas de nuestros circuitos de recompensa. La cafeína nos mantiene alerta y productivos, el azúcar nos da un subidón de energía, el cacao nos baña en bienestar, y las burbujas añaden un toque efervescente a la monotonía de nuestros días. Cada sorbo es una promesa de alivio frente al tedio. Pero detrás de este alivio momentáneo se esconde una cadena de dependencia, un ciclo de altibajos.

La forma más sutil de sedación es la presión hacia el conformismo que se nos presenta constantemente con la cara opuesta. En el teatro de la sociedad, donde la noción de éxito se ha convertido en el dios frente al que todos nos postramos, las voces que claman desde las alturas a "ser diferentes", a desafiar el estado del mundo, a abrazar nuestra singularidad como si fuera la llave maestra hacia el panteón del éxito, son precisamente las representantes de la normalidad, los beneficiarios directos del mundo que pretenden desafiar. El mensaje de estas voces es peligroso pues lleva a creer a sus oyentes que lo mejor es ser un disidente en la sociedad. Ser diferente se ha convertido en una moda más. Los íconos de éxito que promueven esta narrativa de la diferencia son, irónicamente, productos y productores del mismo sistema que perpetúan. Su "diferencia" es a menudo una estética cuidadosamente construida, un barniz de singularidad que oculta una adhesión fundamental a los valores, prácticas y estructuras que sostienen el sistema.

La "diferencia" se ha convertido en otra mercancía para consumir, una sedación más. Nos esforzamos por comprar la singularidad en forma de productos, experiencias y estilos de vida que nos han sido vendidos como símbolos de inconformismo. Este consumo apenas disimula la homogeneización subyacente de nuestros deseos, pensamientos y aspiraciones. En lugar de fomentar una verdadera diversidad de pensamiento y ser, el mercado de la diferencia nos canaliza de vuelta hacia la conformidad, hacia patrones de consumo y existencia que refuerzan las estructuras existentes.

La figura de Vincent van Gogh, hoy celebrada como uno de los pintores más influyentes y revolucionarios de la historia del arte, sirve como un espejo incómodo que refleja las contradicciones y los cambios de valoración en nuestra sociedad. Su vida, marcada por la incomprensión, la pobreza y la lucha contra la enfermedad mental, contrasta fuertemente con la adoración póstuma que su obra recibe en la actualidad. Esta dicotomía revela una verdad incómoda: muchos de los que hoy ensalzan la sensibilidad única y la profundidad emocional de Van Gogh son, posiblemente, los mismos que en otra época le habrían juzgado y marginado como un loco fracasado.

Sus contemporáneos, incapaces de comprender la innovación y el desgarro emocional que caracterizaban su arte, lo etiquetaron como un marginado, un ser atormentado por sus propios demonios, lejos del genio que hoy celebramos. La transformación de Van Gogh, de un "loco fracasado" a un maestro venerado, es un fenómeno que habla tanto del cambio en la percepción del arte como de la hipocresía inherente a la naturaleza humana. En la muerte, Van Gogh se ha convertido en un símbolo del genio incomprendido, su vida y obra sujetas a una idealización romántica que contrasta agudamente con la realidad de su existencia solitaria y atormentada. Esta adoración póstuma, aunque valida su contribución al arte, también plantea preguntas sobre nuestra capacidad para valorar la creatividad.

La figura de Van Gogh es muy diferente a la de Steve Jobs, co-fundador de Apple y visionario de la tecnología, erigido como un ícono moderno de la innovación y el éxito empresarial, y promotor de la idea de "piensa diferente". Su legado es adorado por legiones de seguidores que ven en él la personificación del genio creativo y la determinación. Sin embargo, esta admiración incondicional plantea una reflexión sobre las condiciones bajo las cuales la sociedad elige sus héroes y construye sus mitos. Si el viaje de Jobs y sus empresas no hubiera culminado en el monumental éxito financiero y la fama global que conocemos hoy, su nombre no resonaría con el mismo peso de leyenda que ahora lleva, incluso si sus acciones hubiesen sido las mismas. No veneramos el camino de nuestros ídolos, sino su resultado. Somos seres pragmáticos.

La adoración que rodea a Steve Jobs está intrínsecamente ligada a la narrativa del éxito espectacular de Apple, una empresa que no solo revolucionó múltiples industrias, sino que también alcanzó valiosas cotas en el mercado. Esta historia de éxito, marcada por productos innovadores y una estética inconfundible, ha cimentado la leyenda de Jobs como un visionario sin igual. Pero este culto a su figura se sustenta, en gran medida, en los resultados tangibles —el dinero, la influencia, la omnipresencia de sus productos— más que en el proceso creativo y los desafíos superados.

La memoria colectiva y la veneración que la sociedad otorga a ciertos individuos están condicionadas por el impacto visible y medible de sus logros. El éxito se mide en cifras de ventas, cotizaciones bursátiles y alcance global. ¿Qué sucede con aquellos cuyas innovaciones, igualmente revolucionarias, no alcanzan el éxito comercial? La historia está repleta de mentes brillantes relegadas al olvido por no cumplir con los criterios de éxito definidos por la sociedad.

Los devotos incondicionales de Steve Jobs probablemente no sabrían su nombre si Apple hubiese fracasado en el mercado. Esto subraya una verdad incómoda sobre nuestra tendencia a valorar los resultados por encima del proceso, el producto final más que la pasión, el riesgo y la innovación que lo hicieron posible. La adoración incondicional se revela así como condicional, dependiente de la validación externa del éxito.

¿Nos inspiran realmente la visión y la creatividad, o simplemente el éxito visible y el reconocimiento público? La figura de Steve Jobs sirve como un recordatorio de que, si bien el éxito puede magnificar el legado de una persona, no debería ser el único prisma a través del cual valoramos el ingenio y la contribución.

Esforzarse por ser diferente por el mero hecho de la diferencia es estúpido. Esta actitud se promueve gracias al mantra de que debemos destacar, ser únicos y diferenciarnos de los demás a toda costa, aunque en nuestro interior seamos más vulgares que nadie.

Seguir la norma es participar en una tradición, en una cadena de continuidad que nos conecta con generaciones pasadas que han ido perfeccionando muy poco a poco sus formas de vida. No ser diferente es enraizarse en una comunidad, reconociendo que somos parte de algo más grande que nosotros mismos, algo que merece ser preservado y respetado. No se trata de suprimir la individualidad, sino de reconocer que nuestra interconexión y nuestras contribuciones al colectivo son tan valiosas como nuestras singularidades.

La innovación y el progreso no siempre requieren de una ruptura radical con el pasado o con las convenciones. A menudo, los avances más significativos se construyen sobre la base sólida de lo que ya existe, a través de la mejora y adaptación de las normas, no necesariamente su rechazo total. La verdadera maestría y entendimiento profundo surgen de conocer y respetar estas normas antes de intentar cambiarlas.

La disidencia no reside en adoptar una estética de diferencia promovida por aquellos que han alcanzado el olimpo del éxito dentro del sistema actual. Más bien, radica en cuestionar las bases mismas sobre las que se construye ese éxito, en desafiar las estructuras de poder y en buscar formas genuinas de existencia que vayan más allá de los límites impuestos por la normalidad comercializada. La rebelión más significativa es aquella que se atreve a imaginar y construir alternativas reales al estado actual del mundo, no aquella que simplemente se viste con la apariencia de la diferencia.

La obsesión por diferenciarse, aunque solo sea superficialmente, es la interminable carrera por la validación externa y el reconocimiento social, quizás la sedación más insidiosa de todas. Obsesionados con la imagen que proyectamos hacia el exterior, persiguiendo símbolos de éxito en forma de dinero, parejas, puestos de trabajo, títulos académicos o propiedades, esta búsqueda nos seda, distrayéndonos del valor de nuestras experiencias y logros, e impidiendo apreciar las satisfacciones simples pero profundas que derivan de vivir de acuerdo con nuestros propios valores.

¿Qué ocurre cuando te desconectas?

Al desconectarnos de la sedación espiritual, la vida sin filtros se presenta como inabarcable. Cruda. Abrumadora. A falta de alcohol, redes sociales, sexo, cafeína, teína, chocolatinas, comidas, videojuegos, trabajo, infusiones, amigos, televisión, meditación, series, realidad virtual, fiesta o dinero, el primer aliento de la realidad golpea con la fuerza de un vendaval. Es un choque, un incómodo despertar de un sueño en el que los contornos del mundo parecían suaves y manejables. De repente, nos encontramos frente a la brutal magnificencia del ser, una realidad que vibra con una intensidad que puede ser tan abrumadora como hermosa. Es el sabor de la vida sin filtros, donde cada momento posee la potencia de lo eterno.

Desconectarse de la sedación espiritual implica un encuentro con la sombra, esa parte de nosotros mismos que hemos evitado, ignorado o reprimido. Aceptar la sombra es abrazar la totalidad de nuestro ser, reconociendo que la luz y la oscuridad son compañeras inseparables.

No existe un exilio definitivo del abrazo de la sedación. Todo puede ser sedación. El ocio. El trabajo. La religión. La familia. La lucha contra la sedación es una odisea sin fin. Incluso el asceta, en su austera torre de aislamiento, descubre que la meditación, ese bálsamo venerado de la conciencia, puede transformarse en su propia forma de sedación, un refugio sutil que aleja de la cruda textura de la vida.

La sedación no se disuelve con un acto singular de renuncia, sino que requiere una vigilancia constante, una danza delicada con nuestras propias inclinaciones hacia el confort y el escape. La sedación adopta innumerables disfraces, desde las distracciones más obvias hasta las prácticas espirituales que prometen liberación.

El estado superior del ser humano, esa cumbre de claridad y comprensión hacia la cual aspiramos, no es un territorio que se conquista y se retiene. Es más bien un horizonte siempre en movimiento, una quimera que se desvanece en el momento en que creemos haberla atrapado. Cada instante de lucidez, cada destello de comprensión, cada decisión tomada desde la profundidad de nuestra conciencia, es un paso en este eterno trabajo de desvelamiento.

La sedación no es únicamente un enemigo a vencer, sino un maestro severo que nos enseña sobre nuestra propia fragilidad. Nos obliga a preguntarnos qué es lo que verdaderamente valoramos, a dónde dirigimos nuestra atención y cómo elegimos vivir ante la inevitabilidad de nuestra finitud. Vivir con intención es el antídoto a la sedación, y solo se consigue mediante una búsqueda sin fin de autenticidad en un mundo que constantemente nos tienta hacia la somnolencia del ser.

Tanto el asceta, como el rey, el guerrero, el ciudadano o el mercader estamos unidos en esta batalla contra la complacencia del espíritu. No hay un refugio seguro, ninguna práctica inmune a la seducción de la sedación. La grandeza del ser humano no está en la victoria definitiva sobre esta condición, sino en el coraje de enfrentarla, día tras día, momento a momento, con los ojos bien abiertos.

¿Qué ocurre cuando vivimos sin preocuparnos por algo constantemente?

Vivir sin una preocupación constante no es un signo de paz, sino de una muerte interior. La preocupación es el eco de un espíritu que lucha, que se esfuerza, que se pelea por lo que está más allá del horizonte de lo inmediato. La preocupación es un testimonio de nuestro compromiso con la vida, una prueba de que aún estamos presentes con nuestro pellejo en juego.

Deshacernos de nuestras preocupaciones es un suicidio, un indicio de que hemos cerrado el puente entre el alma y el mundo. La verdadera sabiduría no reside en erradicar la preocupación, sino en aprender a navegarla, reconociendo en ella la chispa de nuestra propia humanidad, el reflejo de nuestro incansable deseo de existir.

Marco Antonio, militar y político durante los últimos años de la República Romana, es conocido tanto por sus logros militares como por su tumultuosa vida personal, especialmente su relación con Cleopatra. La historia de Marco Antonio es una de ambición, pasión y, finalmente, una trágica desvinculación de sus deberes y preocupaciones que lo llevaron a su caída.

En la cúspide de su poder, Marco Antonio fue uno de los hombres más poderosos de Roma, un líder respetado y un estratega militar astuto. Su encuentro y posterior relación con Cleopatra marcaron el inicio de un cambio profundo en sus prioridades y preocupaciones. Fascinado por la inteligente y carismática reina, Marco Antonio se vio cada vez más inmerso en la vida y los asuntos de Egipto, alejándose de sus responsabilidades en Roma. Esta desvinculación no pasó desapercibida. Sus enemigos políticos en Roma, notablemente Octavio (el futuro emperador Augusto), aprovecharon su ausencia y su aparente despreocupación por los asuntos de Estado para consolidar su propio poder y minar la posición de Marco Antonio. La narrativa que Octavio difundió en Roma, presentando a Marco Antonio como un hombre que había abandonado la República por su obsesión con una reina extranjera, contribuyó a su creciente aislamiento político. La despreocupación afecta tanto al que la ejerce como a los que le rodean.

La historia alcanza su clímax con la batalla de Actium, donde las fuerzas de Marco Antonio y Cleopatra se enfrentaron a las de Octavio. La batalla, que podría haber sido una oportunidad para Marco Antonio de reafirmar su compromiso con Roma y recuperar su posición, en cambio, se convirtió en un desastre. La decisión de Cleopatra de retirar sus naves de la batalla, seguida por Marco Antonio, simbolizó no solo una derrota militar sino también el abandono final de cualquier pretensión de responsabilidad por parte de Marco Antonio hacia su patria y su futuro.

En el desenlace, abandonado por sus aliados y enfrentado a la inevitabilidad de su captura y humillación por Octavio, Marco Antonio eligió el suicidio. Su muerte fue el cierre simbólico de una era en la historia romana.

Solo aquellos reyes y líderes que dedican cada día a afilar su espada merecen ostentar el poder. Aquellos confiados en la inmutabilidad de su estatus, terminan inevitablemente superados por adversarios más preparados y perdiendo el apoyo de sus seguidores. La historia está repleta de dinastías caídas y líderes derrocados que, en su momento de mayor triunfo, olvidaron la impermanencia del poder y dejaron de prepararse para las inevitables tempestades del destino. Estar al frente en tiempos de crisis, ser el primero en cuestionar las propias decisiones y mantener siempre un ojo en el horizonte, anticipando los cambios y preparando al reino para enfrentarlos es esencial para mantenerse a flote.

Ignoremos el sistema nervioso

Los psicólogos y psiquiatras, armados con un arsenal cada vez más sofisticado de herramientas y teorías que les alejan los pies del suelo, han comenzado a describir al ser humano como si fuera un mecanismo simplista, un rompecabezas cuyas piezas —hormonas, relaciones, deporte, comida, meditación y medicamentos— solo esperan ser ensambladas correctamente para desbloquear la puerta hacia la felicidad.

No hay un manual de instrucciones para la condición humana, ninguna guía infalible a la que podamos aferrarnos en búsqueda de la plenitud. La tentación de reducir nuestra existencia a una serie de variables cuantificables y manejables es comprensible en un mundo que valora la precisión y la certeza. Pero nuestro conocimiento del sistema nervioso, por muy avanzado que sea, no es suficiente para comprender su intrincada complejidad, ni para predecir las infinitas variaciones de la experiencia humana.

El mundo está repleto de individuos que, según todas las mediciones objetivas, deberían estar en la cúspide de la felicidad: niveles hormonales óptimos, relaciones saludables, rutinas de vida equilibradas. Y, sin embargo, se encuentran rotos por dentro, navegando por la vida con una sensación de vacío que ninguna dieta, rutina de ejercicio o medicamento parece poder llenar.

Por otro lado, existen aquellos cuyas circunstancias de vida desafían todas las expectativas de bienestar y felicidad. Personas que enfrentan discapacidades severas, dependencia de otros, alimentación deficiente y expectativas de vida reducidas, y que, contra todo pronóstico, exhiben signos de una plenitud y satisfacción que eluden a muchos que viven bajo la ilusión de controlar su bienestar a través de gadgets y recomendaciones de salud. Es aquí cuando los expertos se referirán a la "genética" de la persona como la pieza que explica lo que no saben ni pueden explicar, de la misma forma que los físicos hacen referencia al "infinito", un vago concepto que sirve para explicar lo que no saben explicar.

La felicidad no es ni será alcanzada a través de la mera optimización de ciertos aspectos de nuestra vida. La plenitud es una experiencia profundamente subjetiva, moldeada tanto por nuestro mundo interior como por las circunstancias externas, y a menudo encontrada en los lugares más inesperados.

Uno de los impulsos más íntimos que llevan a muchos a adentrarse en el campo de la psicología o la psiquiatría es la experiencia directa con el malestar psicológico, ya sea propio o de personas cercanas. Este deseo de sanar, de encontrar respuestas y soluciones a los desafíos que uno mismo ha enfrentado, se convierte en una poderosa motivación para dedicarse a esta profesión. Otra razón es la de comprender los engranajes más íntimos del alma humana, el hambre de poder. Imagina poseer la llave que abre las puertas más recónditas de la mente, entender los resortes que mueven las emociones, los deseos y los miedos de las personas. Eso es lo que muchos creen en su interior que van a alcanzar estudiando psicología. Para algunos, esta es una perspectiva embriagadora, un tablero de ajedrez donde cada movimiento puede ser anticipado, cada defensa, desmantelada. La habilidad de leer entre líneas, de comprender lo no dicho, atrae a aquellos con una inclinación hacia el arte de la manipulación.

La vida está lejos de ser una línea recta; es más bien un laberinto de caminos que se bifurcan, tanto en el estudio de la mente como en el de todo lo demás. El caos es el artista más audaz de la naturaleza, aquel que, con pinceladas de incertidumbre, da nacimiento a galaxias, homínidos y máquinas. Cada estrella en el cielo nocturno es un recordatorio de que el caos tiene el poder de crear belleza. Aspirar a conocer de manera científica la raíz de la felicidad humana es una tarea tan noble e inabarcable como comprender lo que se oculta tras el "infinito" o el "caos".

Estudiar las complejidades del sistema nervioso no te va a revelar las siete claves de la paz interior. No se puede simplificar la vida humana a ese punto.

El entramado de células y señales eléctricas no dará respuesta a las preguntas milenarias que se ha hecho el hombre. Es como intentar capturar el océano en una botella o condensar la inmensidad del cielo concentrándose en una sola estrella. El pragmatismo del que se nutre la ciencia actual está obsesionado por lo inmediato, aquello que podemos tocar, medir y comprender con facilidad. Puesto que tenemos la certeza de que somos ignorantes de las cuestiones fundamentales que definen la existencia, las ciencias deberían reconocer esto más a menudo y transmitir a sus seguidores el respeto y la humildad frente a la vasta oscuridad en nuestro conocimiento del mundo.

La realidad es una red compleja cuyos hilos se extienden más allá de nuestra percepción y teorías. Del mismo modo que un mapa nunca puede capturar la totalidad de la realidad del territorio que representa, nuestro conocimiento nunca representará por completo a la complejidad de la existencia.

La verdad, en su expresión más auténtica, es una entidad multidimensional que desafía la reducción a componentes simples. No se deja atrapar fácilmente en las redes de lo tangible; más bien, se revela en la intersección de múltiples realidades, en la confluencia de lo físico y lo metafísico, lo emocional y lo racional, lo individual y lo colectivo. Buscar la verdad requiere una exploración que va más allá de lo pragmático y cuantificable.

Justamente, el distanciamiento en el mundo contemporáneo de aspectos aparentemente menos pragmáticos de la existencia, como los rituales, la interacción directa con el entorno natural y el respeto por lo misterioso, ha resultado en un aumento del descontento y una pérdida del sentido de propósito colectivo.

La ilusoria percepción de vivir como conquistadores de los misterios del mundo ha colocado a la humanidad en un dilema profundo, marcado por un creciente descontento y una palpable falta de motivación para explorar aquellos aspectos de la realidad que verdaderamente importan. Esta actitud triunfalista, que celebra la acumulación de conocimiento superficial y el dominio tecnológico sobre la naturaleza, ha desviado la atención de nuestro abismo de ignorancia.

En lugar de nutrir un sentido de asombro y respeto por lo desconocido, nos hemos enredado en un laberinto de complacencia, donde el valor se mide en términos de eficacia y control. Este desplazamiento ha erosionado nuestro deseo inherente de buscar significado más allá de lo tangible, sumergiéndonos en una crisis existencial donde la sed de auténtica comprensión y conexión con el mundo que nos rodea permanece insatisfecha. A pesar de que tenemos los días contados en el sistema solar, aún no tenemos la motivación suficiente para ir más allá.

Los efectos secundarios de seguir el consejo de otros

El acto de dar y recibir consejos es un rito tan antiguo como la propia comunicación. Los consejos, esos fragmentos de sabiduría destilada, se ofrecen con la intención de guiar, de iluminar caminos previamente transitados hacia destinos menos tortuosos. Esta práctica, aunque a menudo bienintencionada, trae consigo efectos secundarios insospechados, derivados de la creencia errónea de que la experiencia personal, por rica que sea, puede ofrecer un mapa universal para navegar la vida de otros.

Aquellos que dan consejos lo hacen movidos por la convicción de que, en el relato de sus propias vidas, han logrado descifrar patrones aplicables universalmente. Esta premisa, si bien reconfortante, simplifica excesivamente la naturaleza diversa y multifacética de la experiencia humana. Si la transferencia de consejos de una generación a otra fuese una garantía de éxito continuado, las dinastías y las familias de gran renombre no experimentarían nunca el declive. Los imperios se mantendrían imperturbables, las corporaciones familiares dominarían eternamente sus mercados, y el legado de éxito sería un bien heredable, intacto y perpetuo.

La realidad se despliega en tonos mucho más complejos. La historia está salpicada de ejemplos en los que los descendientes de figuras eminentes no logran replicar el éxito de sus ancestros, a pesar de haber recibido todos sus consejos. La razón de este fenómeno yace en la brecha intrínseca entre la teoría y la práctica, entre el consejo dado y su aplicación en un contexto completamente distinto. No es suficiente poseer el conocimiento; la clave está en la adaptabilidad de dicho conocimiento a las circunstancias únicas y siempre cambiantes de cada individuo. Solo tú puedes diseñar tu camino.

Entre la teoría que subyace a un consejo y su práctica existe una laguna difícilmente reconciliable. Las variables incontrolables y las diferencias de contexto y personalidad juegan un papel crucial en el éxito o fracaso de cualquier individuo. Lo que funcionó para una persona en un momento dado, bajo circunstancias específicas, puede no tener el mismo efecto en otro contexto, por más similares que parezcan ser los escenarios.

En la imposible ecuación del éxito y el fracaso, lo desconocido ejerce una influencia tan significativa, si no mayor, que el conocimiento acumulado. Las sorpresas, los giros inesperados del destino y los encuentros fortuitos pueden alterar de manera radical el curso de una vida, demostrando que el control absoluto es una ilusión y que la apertura a la incertidumbre es una virtud indispensable.

Si bien los consejos pueden servir como faros en la oscuridad, ofreciendo destellos de claridad en momentos de indecisión, es fundamental reconocer sus limitaciones. La sabiduría verdadera no es seguir ciegamente el camino marcado por otros, sino aprender a navegar las aguas propias con un sentido de humildad ante lo desconocido y una disposición para adaptar, reinterpretar y, a veces, desafiar los consejos recibidos.

Mi cabeza y mi cuerpo creen ser libres

En pleno siglo veintiuno, seguimos dándole vueltas a lo obvio: somos marionetas del destino. Si no lo crees así, ¿por qué lo crees? ¿Qué te ha hecho creer que eres el dueño de tu destino? Ni la familia en la que naces, ni las características con las que te dotó la naturaleza, ni siquiera la esencia misma de tu mente y corazón, fueron elecciones propias. Y, aun así, existe esa sensación irrefutable de autodeterminación, esa creencia profunda de nuestro control sobre el ser. Esto se debe al poder de las emociones. Por muy seres racionales que seamos, lo que sentimos define nuestras vidas. Nuestra animalidad gobierna nuestro raciocinio. Nuestras creencias están marcadas por las emociones. Daría igual que la ciencia demostrase que somos parte de un mecanismo determinado, el ser humano se seguiría sintiendo libre.

A pesar de nuestra capacidad para el razonamiento y la lógica, son nuestras emociones las que trazan el curso de nuestra existencia. Las emociones colorean nuestras creencias, delinean nuestros valores y guían nuestras acciones. Vivimos en una realidad donde, aunque no elegimos los cimientos de nuestra existencia, sentimos profundamente la capacidad de construir sobre ellos.

La mente se considera libre, capaz de explorar los confines del universo. El cuerpo se siente capaz de conquistar montañas, de cruzar océanos, impulsado por la creencia en su propia fortaleza e independencia. Sin embargo, ambos, cabeza y cuerpo, están sujetos a las cadenas invisibles del destino y la genética, a las circunstancias de la vida que no escogimos pero que definimos como nuestras.

La verdadera libertad parece ser una ilusión, una creación de nuestra mente emocional que busca sentido y control en un universo regido por causas que desconocemos. Pero, ¿es esta ilusión de libertad menos válida, menos real, por ser una construcción emocional? Tal vez no. La libertad no se encuentra en negar nuestro papel como marionetas del destino, sino en reconocer las cuerdas que nos atan. Sentirse libre es una profunda expresión de humanidad, lo cual no es necesariamente algo bueno.

Comer, dormir y pudrirse. Sedentarios digitales

Somos los que comemos y somos lo que no comemos. Frases de este tipo son tan vacías como muchas de las que contiene este libro, puesto que no hay frase sabia que no contenga una pizca de estupidez.

Vivir en la modernidad es un camino donde cada paso es medido y cada giro calculado. Hemos desarrollado una peculiar obsesión con los ritmos más fundamentales de la vida: comer, dormir, y el inevitable proceso de envejecer.

El mercado está inundado de productos y procedimientos destinados a detener el tiempo, a mantener la juventud eterna a cualquier costo. Pero esta lucha contra el envejecimiento es una batalla perdida de antemano, una negación de la belleza inherente al proceso de vivir y madurar. En nuestro temor patológico a las arrugas y a la decadencia física, hemos olvidado celebrar la sabiduría que acompaña a los años. La ausencia de esta sabiduría durante la juventud es tan o más perniciosa que los achaques físicos durante la vejez.

La compulsión por medir y controlar cada aspecto de nuestra existencia, incluida la química interna de nuestros cuerpos, lleva a la medición hormonal, presentada como una panacea para todo, desde la falta de energía hasta el descontento emocional. Esta compulsión por el control de la materia que da forma a nuestro organismo tiende a ser en realidad un síntoma de una mente desorientada, perdida.

La alimentación ha trascendido su papel primordial de sustentarnos, de nutrirnos, para convertirse en un objeto de obsesión casi religiosa. A falta de un dios que de sentido a la vida, las dietas se presentan como una alternativa. Sus formas son tantas como las de los dioses griegos. La comida ya no es simplemente comida; se ha elevado a un estatus de símbolo cultural, una manifestación de salud, bienestar y, en muchos casos, de identidad personal. La carrera frenética hacia la dieta perfecta promete la optimización del cuerpo humano y la jugosa promesa de una vida más larga, más plena y libre de enfermedades.

Los altares dedicados a la nutrición óptima llevan a la miseria a gran parte de sus seguidores. Cada nuevo estudio o tendencia dietética es recibida como una revelación divina.

Algunos oráculos dictan que debemos eliminar grupos enteros de alimentos. Otros promueven la abstinencia intermitente. Las muchas y diferentes escuelas pelean entre ellas, perdiéndose más en sus misterios. Cada una de ellas guarda la convicción de que existe una única manera correcta de alimentarse que puede aplicarse universalmente, ignorando la diversidad biológica, cultural y personal.

Muchos de los que se dan por vencidos ante la imposibilidad de alcanzar la perfección a través de la alimentación natural terminan absorbidos por una de las sectas más peligrosas, la industria de los suplementos. La bruja y sus hierbas, el herbolario y el chamán se han modernizado en la forma de vitaminas, minerales, probióticos, y una infinidad de otros compuestos promocionados como indispensables para cualquiera que se precie de cuidar de sí mismo.

La narrativa es convincente: tu alimentación no puede ser perfecta, debes suplementar.

En este debate el enfoque de la calidad y la procedencia de los alimentos que consumimos apenas está presente, se prioriza la cantidad de componentes frente a su calidad. La industria de los complementos alimenticios contribuye a una desconexión aún mayor de nuestros cuerpos y sus señales; en lugar de prestar atención a lo que realmente necesitamos, nos volvemos dependientes de tablas nutricionales y recomendaciones genéricas.

La alimentación orgánica, los ciclos de sueño regulados y las cremas anti-edad son ofrendas diarias. Es la sociedad que persigue con ahínco la salud perfecta cayendo en la trampa de la inmovilidad frente a las pantallas.

Mientras más aprendemos sobre la importancia de un estilo de vida activo y saludable, más horas pasamos inmóviles. Esta inactividad prolongada, disfrazada de trabajo, entretenimiento o incluso socialización, se ha convertido en el telón de fondo de nuestra existencia.

Ante este escenario, surge una peligrosa estrategia de compensación. La idea de que unas pocas horas dedicadas al ejercicio físico a lo largo del día pueden contrarrestar horas interminables de sedentarismo es un engaño a nosotros mismos. Esta visión compartimentada de la actividad física ignora la complejidad de nuestro organismo, que requiere movimiento frecuente y diversificado para funcionar óptimamente. No se trata solo de quemar calorías o fortalecer músculos en sesiones aisladas, sino de integrar el movimiento en la vida cotidiana.

Cuanto más nos obsesionamos por fortalecer el cuerpo, más lo descuidamos. Este templo olvidado al que solo se le presta atención en dosis controladas y planificadas para un beneficio estético, está sometido a interminables horas de negligencia. El cuerpo humano, diseñado para moverse, explorar e interactuar con su entorno, se ve reducido a la nada. La única compensación a este trato pernicioso es a través de la reconciliación con el movimiento como una parte integral de la vida diaria. Nos hemos adaptado a la tecnología en vez de adaptar la tecnología a nosotros. En este sentido, la computación espacial se presenta como la posibilidad de repensar nuestra relación con el entorno físico y la tecnología, buscando formas de integrar el movimiento en cada aspecto de nuestra vida, desde cómo trabajamos hasta cómo socializamos.

4

NI EL PASADO NI EL FUTURO

La certeza absoluta sobre el devenir de la vida es una forma de ignorancia, un velo que nos ciega ante la complejidad y el cambio inherente a la existencia. Pretender que conocemos con precisión lo que nos depara el futuro es ignorar el misterio de la naturaleza.

Incluso el presente, ese instante que creemos tener entre las manos, se nos escapa. La vida se desenvuelve en capas de complejidad que apenas comenzamos a comprender. Vivimos en un eterno ahora que, al intentar capturarlo, ya se ha convertido en pasado. La niebla del presente es densa, y no hace sino espesarse a medida que avanzamos, transformándose en lo que llamamos pasado, una tierra de recuerdos y ecos distorsionados.

La ciencia y sus tecnologías, en su noble búsqueda del conocimiento, nos han permitido asomarnos a rincones recónditos del universo y de nuestra propia naturaleza. Hemos aprendido a manipular nuestro entorno de maneras que nuestros ancestros no habrían podido imaginar. Sin embargo, este poder viene con sus propias limitaciones. Por cada misterio que desvelamos, se abren mil preguntas más. El dominio sobre nuestro entorno es siempre parcial, siempre sujeto a las leyes inmutables de la naturaleza y a las sorpresas que el cosmos tiene preparadas.

Aceptar que somos viajeros en este río del tiempo y del espacio, capaces de influir en su curso pero nunca de dominarlo, es liberarse de la carga de la certeza y abrirse a las maravillas que envuelven la realidad.

Reconocer las heridas del pasado y mirarnos cara a cara

¿Qué ilusión se puede tener sobre el futuro cuando las heridas que cubren tu cuerpo son insoportables? ¿Quién se atrevería a promover una vida de felicidad a aquellos que están hundidos en tragedias sin vuelta atrás? Por mucho que digan, no tenemos el control absoluto de nuestro interior, de la misma manera que no tenemos el control absoluto del mundo exterior. No hay sentido en la vida de un hombre que le vaya a sostener frente a las peores crueldades de la naturaleza. Nos hemos empeñado en condenar la tristeza, el suicidio y el malestar interior como manifestaciones humanas a erradicar a cualquier precio. Cada desdicha parece tener que ser convertida en un escalón hacia nuestro crecimiento personal. Buscamos la "cara buena" de los horrores para justificar nuestra evolución.

Los supervivientes de campos de concentración que años después del horror explicaron que la clave de su supervivencia fue el tener un sentido en sus vidas no significa que muchos de los que murieron antes de ser asesinados no tuvieran un sentido tan o más profundo en sus vidas que aquellos que hicieron de sus experiencias un negocio con el que motivar a otros. La constitución física y mental determina nuestras capacidades de aguante frente a los golpes de la vida. Muchas de las ideologías modernas promueven que todos nos convirtamos en superhombres resilientes frente a cualquier atrocidad. Se nos dice que no debería haber persona ni situación capaz de herirnos, como si cada tragedia de la vida debiera reconvertirse en beneficio propio. Todo debe ser pragmático. Hay que explotar lo malo y reconvertirlo en bueno para nuestro crecimiento personal. Siempre debe haber luz al final de todos los túneles. Tenemos que buscar la cara buena del genocidio, la violación y el maltrato para seguir creciendo. Las personas con mayor capacidad de sobreponerse a las emociones propias y ajenas con el fin de alcanzar un mayor estatus social dominan la cumbre de la pirámide. No es de extrañar que entre aquellos que representan el éxito social haya abundantes signos de psicopatía. Si hay algo que hace esto poco evidente son las constantes máscaras de humildad y empatía que los psicópatas manejan con destreza.

Los que se suben a los escenarios a sermonear sobre lo sencillo que es llevar una vida plena parecen no comprender que si ellos fueran las personas desgraciadas a las que dan consejo, ellos serían igual que ellas. Si ellos fuesen el preso de guerra torturado a diario con los más crueles ingenios del ser humano, difícilmente sus filosofías de vida podrían hacer frente a la pesadilla de existir. ¿Quién puede dar consejos de vida a la anciana postrada en su cama, abandonada por su familia, incapaz de moverse y rodeada de profundos dolores físicos y mentales? ¿Tienes tú la confianza de que tu visión de la vida podría hacer su tortuoso camino más llevadero? ¿Has subido al escenario a dar consejos habiendo ya solucionado los traumas que rodean a tu familia y a todos los seres queridos que le rodean?

Cualquier signo de confianza en el destino de tu vida es falso. Cuando te sientes en lo alto de la cumbre, crees que eres el único responsable de ello y tienes la confianza de que cualquiera de los azares del destino no podrá hacerte caer. Esto es ignorancia y arrogancia. Es posible, y a menudo ocurre, que este tipo de persona llegue al final de sus días creyendo haber demostrado que ha tenido el control sobre su vida de éxitos, de la misma forma que entre miles de jugadores de la lotería hay unos pocos que se llevan el premio gordo y creen que ello se debe a sus oraciones. El resto de personas que guían sus vidas de esta manera contribuye a la enorme pila de fracasos y sufrimientos que inunda la sociedad.

Todos queremos librarnos de nuestras heridas como si estas fuesen algo innatural e injusto. Todos queremos blindarnos ante el sufrimiento, como si este no fuese más que un demonio sinsentido. Todos queremos escuchar la filosofía de vida que convierte nuestros pesares en razones para vivir. La búsqueda de sentido del ser humano tiende a convertirse en la búsqueda de justificaciones para ser feliz. Las filosofías próximas a la verdad que no benefician de manera directa al bienestar emocional del homo sapiens son reprimidas. La raza humana construye una moral egoísta en la que el único sufrimiento a tener en cuenta es el propio. Los millones de seres vivos criados y asesinados industrialmente cada día apenas tienen espacio en los debates, que a menudo giran en torno a temas como la baja natalidad de los humanos en los países más desarrollados o sobre los problemas derivados del consumo de azúcar. Ahora que las máquinas comienzan a superarnos en el ámbito de la creatividad, el ser humano trata de justificar su superioridad aludiendo al dudoso argumento de que somos únicos e irremplazables porque tenemos una chispa imposible de replicar, un último intento desesperado por justificar nuestra supremacía.

La moral humana no es de fiar. Esta cambia constantemente, adaptándose a lo que nos beneficia y a las tendencias históricas. La moral no se está construyendo con el ideal de aproximarse a lo bueno, a lo verdadero, sino con el objetivo de ser práctica. La verdadera ética debería aspirar a algo más grande que la mera conveniencia.

En el espejo de la historia, la imagen que refleja la humanidad dista mucho de ser la de una criatura siempre noble y altruista, coronada por la gloria de sus logros culturales y tecnológicos. Si nos atrevemos a mirar sin parpadeo, lo que vemos es un retrato inquietante de luces y sombras con constantes apariciones de crudeza y crueldad que han nutrido nuestra existencia.

Este reflejo es una constante que recorre nuestra historia, desde los albores de la civilización hasta el presente digital. Mirar esta realidad de frente no es un ejercicio de pesimismo, sino de honestidad brutal. Solo queremos reconocer la contribución de las cosas que nos hacen sentir emocionalmente bien. Cuesta reconocer que los asesinatos y violaciones de nuestros antepasados homínidos y no homínidos hayan sido piezas indispensables para el desarrollo del ser humano moderno, su democracia y sus derechos universales. Como nos cuesta reconocer que la oscuridad del homo sapiens es parte indispensable de su luz, escogemos centrarnos únicamente en la luz. De esta forma, perdemos el contacto con la verdad. Este autoengaño, lejos de elevarnos, nos vuelve más ignorantes.

En ocasiones, el mundo antiguo poseía una mayor claridad. Las civilizaciones pasadas, con sus mitos, tragedias y religiones, reconocían más abiertamente la inevitable dualidad de la condición humana. Aceptaban la existencia de la oscuridad en el alma humana no como un defecto a ocultar, sino como una verdad a confrontar. En sus narrativas, la grandeza y la miseria del ser humano convivían sin disfraz, ofreciendo un reflejo más fiel de lo que significa ser homo sapiens. El hombre moderno vive en la ilusión de haber domado sus sombras, creyendo que estas sombras son inevitablemente malas.

Esta falsa dominación de la oscuridad contribuye a que esta se manifiesta de formas más retorcidas. La cultura solo podrá liberarse de las sombras de la humanidad erradicando la humanidad. No es de extrañar que la tendencia de aquellos que supuestamente quieren corregir la naturaleza del ser humano tiendan a proponer su extinción de manera sutil con filosofías que frenan la reproducción así como el desarrollo industrial y tecnológico en favor, supuestamente, del medio ambiente y los derechos humanos.

Reconocer nuestra capacidad para la crueldad y la destrucción nos ofrece la posibilidad de elegir un camino diferente, pero debemos ser conscientes de que esa crueldad y destrucción ha sido fundamental en ser quienes somos, en existir. La condena absoluta de lo que nos ha traído hasta aquí, es la condena absoluta de lo que somos.

Ignorar nuestra naturaleza nos convierte en peores seres. No hay necesidad de idealizar nuestras conquistas. En el fondo todos sabemos las muchas y oscuras motivaciones detrás de ellas. Es hora de despojarnos de las falsas razones nobles con las que justificamos nuestros actos más egoístas y pragmáticos. Solo enfrentando la verdad completa de lo que somos, podremos aspirar a ser algo mejor. La humanidad necesita un nuevo contrato con la realidad, uno que reconozca nuestra verdadera naturaleza y, a partir de ese reconocimiento, busque construir un futuro que no esté cimentado en la negación de lo que somos.

La culpa y sus razones

La culpa tiende a ser un recordatorio ineludible de que las elecciones que hemos tomado tienen peso y consecuencias. Es una brújula interna que, en su funcionamiento óptimo, nos orienta hacia la reflexión y, potencialmente, hacia la redención. Sin embargo, a veces no hay redención posible. Sugerir que la culpa crónica es una anomalía a corregir sin más es pasar por alto la posibilidad de que, para algunos, este sentimiento persistente sea tan merecido como constructivo. Aceptar que hemos obrado mal y que no hay una compensación posible a veces es la única opción correcta a seguir. Nadie quiere esto, aunque lo merezcamos, por ello buscamos justificaciones o pastillas que nos seden del sufrimiento de enfrentarnos a lo que debemos.

En ciertos casos, no podemos, y quizás no debemos, liberarnos de la carga de la culpa, precisamente porque estos sentimientos son coherentes con los caminos que hemos escogido transitar. Ignorar o suprimir la culpa sin enfrentar las acciones que la originaron es un ejercicio de autoengaño. La solución propuesta con frecuencia, la de anestesiar nuestras emociones sin abordar las raíces de nuestros problemas, es una táctica de evasión, no de curación. No hay un juicio absoluto por las razones de culpa, pero la cultura egoísta en la que estamos inmersos nos invita a justificar nuestros caminos incluso cuando nuestras emociones nos convencen de que algo hemos hecho mal.

Cuando no hay perdón

En ocasiones, no hay perdón posible, ni para otros ni para uno mismo. La insistencia en que siempre existe la posibilidad de perdón, aunque reconfortante, puede deslizarse peligrosamente hacia la promoción de una irresponsabilidad moral, una negación de la gravedad de ciertas acciones y de las cicatrices indelebles que pueden dejar en las vidas de otros. Queremos escuchar que siempre hay perdón y que el perdón es bueno porque esta actitud nos beneficia emocionalmente, nos hace sentir mejor, egoístamente.

Promover la idea de un perdón universal e incondicional es sugerir que todas las acciones, sin importar su crueldad o el dolor que hayan causado, pueden ser eventualmente redimidas. Este enfoque no solo minimiza el sufrimiento de las víctimas, sino que también absuelve al perpetrador de la responsabilidad de enfrentar plenamente las consecuencias de sus actos. Existen acciones de oscura naturaleza cuyos efectos son tan devastadores que la idea de redención se torna una ofensa a la justicia, al bien y a la memoria de aquellos que han sido irremediablemente afectados.

El perdón es un acto noble. Se trata de un acto de liberación emocional que puede facilitar la sanación. Sin embargo, convertirlo en una expectativa universal es ignorar la complejidad del dolor humano y la singularidad de cada situación. Ofrecer la otra mejilla, lejos de ser una solución aplicable a todos los escenarios, puede en ciertos contextos perpetuar o incrementar el daño, enviando el mensaje de que la transgresión es tolerable o, peor aún, insignificante.

El acto de perdonar es comúnmente ensalzado como una virtud, una manifestación de la magnanimidad y la empatía. Una exploración más profunda de este impulso, especialmente cuando se manifiesta como una disposición a perdonar siempre, sin excepción ni discernimiento, podría desentrañar una realidad más perturbadora. Esta capacidad de perdonar de manera indiscriminada, sin atender al peso o al impacto de la transgresión, puede ser indicativa de una desconexión emocional que roza los límites de la psicopatía.

La psicopatía se caracteriza, entre otras cosas, por una marcada falta de incapacidad para comprender o compartir los sentimientos de los demás. Para el psicópata, perdonar es una herramienta estratégica para impresionar, un medio para un fin que a menudo carece de la profundidad afectiva que el perdón genuino conlleva.

Este perdonar irrazonable se emplea como un mecanismo de manipulación, una forma de ejercer control sobre los demás bajo la apariencia de magnanimidad. Al perdonar sin condiciones, el individuo se coloca en una posición de poder disfrazada de virtud.

El perdón, en su esencia más saludable, implica un proceso de reflexión tanto para el ofensor como para el ofendido. Requiere un reconocimiento del daño causado, un deseo genuino de enmendar el error y un esfuerzo por crecer a partir de la experiencia. El perdón no debería ser un cheque en blanco entregado sin reflexión. El verdadero perdón es tanto un acto de compasión hacia uno mismo como hacia el otro.

En lugar de abogar por un perdón a cualquier precio, sería más constructivo promover una cultura de reflexión profunda sobre nuestras acciones y sus impactos, reconociendo que algunas decisiones son malas y llevan consigo consecuencias irreparables. Aceptar la posibilidad de que no siempre seremos perdonados nos obliga a sopesar más cuidadosamente las elecciones que tomamos, fomentando una responsabilidad más profunda y una ética más sólida.

Tristeza crónica

Vivimos en una cultura borracha en su convicción de que conoce la naturaleza de la existencia. Dominar el medio ambiente, avanzar tecnológicamente y establecernos en una zona de confort tanto física como mental ha engendrado una falsa confianza ante nuestra ignorancia sobre la realidad.

Creemos tener las llaves del destino del mundo, pero aún no sabemos ni donde está su puerta. Esta arrogancia cultural, este aire de dominio sobre los misterios de la naturaleza, no ha hecho sino cavar un abismo de desconexión, un vacío que se traduce en una depresión profunda cuando somos incapaces de encontrar sentido al aparente caos. La tristeza crónica que aflige a incontables almas podría ser, en parte, el subproducto tóxico de vivir en un mundo que pretende tener todas las respuestas, un mundo que ha perdido la capacidad de maravillarse, de cuestionar, de respetar la incertidumbre.

La depresión, esa sombra que nos sigue silenciosamente, puede ser contrarrestada abrazando la oscuridad, forjando un sendero propio. Abandonar la ilusión de un mundo predecible y seguro para adentrarnos en el territorio salvaje de lo desconocido.

Ya sea a través de novelas, películas, videojuegos, telediarios, socialización o series de televisión, la población se sumerge a diario con entusiasmo en mundos saturados de drama, acción y aventuras sin fin. Como espectadores y lectores, anhelamos estas historias que desafían el límite de nuestra imaginación, que nos transportan a realidades donde lo imposible se convierte en cotidiano, donde cada momento es un pico de intensidad emocional y cada giro de la trama despierta nuestra adrenalina. Es en estos mundos ficticios donde encontramos un refugio frente a la monotonía de ser un engranaje en una compleja cadena de montaje. La riqueza y el dinamismo de estos universos fabricados contrasta con el guion de la vida cotidiana de la mayor parte de las personas.

En el mundo real, la aventura se ve suplantada por un ciclo interminable en nombre de la productividad. La promesa implícita de que la productividad conduce a la plenitud se desvanece ante la realidad de que estamos atrapados en un bucle, repitiendo los mismos actos, viviendo los mismos días. La discrepancia entre la vida vibrante y llena de significado que anhelamos en la ficción y la existencia rutinaria y predecible que soportamos evidencia la brecha entre lo que tenemos y lo que queremos.

Esta sed de drama, acción y aventura, insatisfecha en la vida real, revela la necesidad de experimentar lo extraordinario, de sentir que formamos parte de una narrativa más grande que nosotros mismos, aunque sea a través de una pantalla. La ficción satisface esta necesidad hasta cierto punto, ya que también sirve como un recordatorio constante de lo que nuestra realidad carece.

Si lo que queremos es vivir una vida rutinaria con paz, lo más coherente es renunciar a la ficción. Pocos quieren renunciar a la sedación de olvidarse de su propia vida durante unos minutos. La consecuencia es que más tarde la realidad golpea con mayor efecto, ahondando en la llaga de vivir una vida pobre en contraste con los mundos a los que escapamos regularmente.

Pocos están dispuestos a renunciar voluntariamente a este opio del espíritu. La ficción ofrece un respiro, una pausa en la incesante demanda de productividad y eficiencia. La consecuencia de este escape es un regreso a la realidad aún más doloroso. La colisión con nuestra vida rutinaria, después de haber volado por universos de posibilidades infinitas, golpea con un efecto amplificado, ahondando la percepción de que vivimos vidas empobrecidas en contraste con los mundos a los que nos trasladamos regularmente. Este ciclo de escape y retorno se convierte en una espiral de tristeza.

5

VIVIR EL PASADO

La frase "quién no aprende de los errores del pasado, está condenado a repetirlos" se repite sin fin alrededor del mundo. Hay quienes a pesar de no haber leído un libro de historia son portavoces de esta frase. Cada persona percibe que la historia ha sido de una forma, por lo que los errores del pasado pasan a ser subjetivos.

El sueño de tener acceso inmediato a la vasta biblioteca de la historia se ha hecho realidad, pero parece que nunca hemos estado menos inclinados a sumergirnos en ella para entender la psicología humana en su complejidad.

Tenemos suficientes volúmenes de historia para comprender la mente del hombre mejor que cualquier experto de la psiquiatría. La historia humana es el estudio de caso definitivo sobre el homo sapiens, un registro detallado de lo que nos motiva, nos asusta, nos une y nos divide.

La fórmula hacia la decadencia

Líderes espirituales promueven que sus seguidores vivan en el presente. Empresarios milmillonarios aparcan sus apretadas agendas con el fin de centrarse en su respiración por unos minutos. La atención plena en el presente les resulta más valiosa que desayunar con sus hijos. Los expertos de la mente han conseguido cuantificar los efectos de la meditación y no han tardado en idear fórmulas y teorías que optimicen la productividad. Nos dicen que hay que deshacerse de aquello que nos ata al pasado y al futuro. El objetivo propuesto es aproximarse a la percepción de la realidad de una gallina, condenada a vivir en el presente absoluto. La civilización y el progreso de los humanos surgió por el afán de preservar la herencia de nuestros antepasados. Liberarnos de las constricciones de visualizar el pasado y el presente es descender a los niveles más primitivos de los seres animales. El culto a la atención plena como panacea universal es un intento de escapar de las cadenas del estrés y la sobreestimulación, reduciéndonos a bestias, a seres sin historia, sin proyección, meros espectadores de un eterno ahora que fluye sin memoria ni ambición.

El mantra moderno de vivir en el "ahora", promovido tanto por gurús espirituales como por magnates de la tecnología, aunque revestido de una aparente sabiduría ancestral, es en realidad un síntoma de una cultura obsesionada con la eficiencia y el rendimiento. La meditación, despojada de su contexto espiritual y transformada en herramienta de productividad, se convierte en otro engranaje en nuestra jaula de oro mecanizada.

Cuanto más intentamos vivir en el presente, más nos desconectamos de la vida, que es temporal. Los grandes saltos de la civilización no vinieron de la atención plena en el presente, sino del esfuerzo consciente por construir sobre el legado de nuestros antepasados y de proyectar visiones ambicionas para las generaciones futuras.

Sistema de creencias

El escepticismo y el cinismo se han elevado a la categoría de virtudes, donde "creer en la nada" se ha convertido en un nuevo credo, proclamado con una fe ferviente que rivaliza con la de los más fervorosos religiosos fundamentalistas.

La sociedad contemporánea, con su culto a la racionalidad, ha construido un panteón no de deidades, sino de ideologías, teorías y paradigmas que gobiernan nuestras vidas con mano invisible. Este nuevo panteón es un laberinto de "deberías" y "no deberías", dictados por un coro constante de medios de comunicación, influenciadores sociales y expertos que se arrodillan frente a las muchas caras del conocimiento científico.

Entre los que profesan creer en "la nada" a menudo se encuentran los más místicos. Sostener que del vacío emergió el universo, es decir, que de la nada surgió algo, es una afirmación que desafía la lógica. Argumentar que algo tan complejo, diverso y dinámico como el universo en el que habitamos surgió de la absoluta inexistencia es un ejercicio de fe en sí mismo, uno que requiere una suspensión de la incredulidad tan profunda como cualquier creencia religiosa.

La creencia de que somos seres completamente independientes, dotados de libertad y autonomía ilimitadas sobre las leyes que rigen el universo es la religión oculta que define al mundo moderno. Esta creencia se ha incrustado en el núcleo de nuestra percepción del mundo con tal sutileza que se acepta sin discusión, como si fuera una verdad universal incuestionable. Es un ejemplo de que el progreso de las ideas, lejos de ser una marcha constante hacia adelante, puede experimentar retrocesos.

La ciencia moderna, con todos sus avances espectaculares, ha logrado racionalizar casi todos los aspectos del universo que nos rodea, desde la mecánica de las galaxias hasta las partículas subatómicas. Sin embargo, ha fallado en aplicar el mismo rigor al entendimiento de nuestra propia naturaleza. Aunque estudiamos los procesos que determinan nuestro organismo, seguimos visualizándonos como seres surgidos de la magia, aislados de las redes complejas y las interdependencias que nos definen. El egocentrismo de nuestra raza nos impone una falta de comprensión sobre nuestra verdadera posición en el cosmos.

Esta perspectiva moderna contrasta con la sabiduría de civilizaciones antiguas, cuyas concepciones del mundo y del lugar del hombre en él tenían una comprensión mucho más integrada y menos antropocéntrica de la existencia humana. La vida no era un escenario sobre el cual los seres humanos actuaban con libertad, sino un escenario de causas y efectos, de destinos y ciclos naturales, en los cuales el hombre era un participante más, sujeto a las mismas leyes y fuerzas que el mar, las montañas o las nubes.

Los héroes de las tragedias griegas, desde Edipo hasta Aquiles, nos muestran que, a pesar de la fuerza, la astucia o la virtud, ningún ser humano escapa de los designios del destino, ya que todos nosotros somos parte inevitable de un destino que nos trasciende. Estamos sedados en la creencia de que nuestros pensamientos y acciones nos pertenecen.

La actitud frente a la vida

Llegamos a este mundo como el último eslabón de una extensa cadena evolutiva en la que se entrelazan nuestros antepasados más remotos: desde peces hasta anfibios, pasando por reptiles y una diversa gama de homínidos. Cada uno de estos ancestros ha dejado su huella en el manto de nuestra existencia, moldeando la materia prima con la que emergemos al mundo desde el vientre materno. Esta herencia biológica establece el escenario inicial sobre el cual comenzaremos a construir nuestra propia historia, siempre determinada por esta herencia ancestral, así como por los estímulos y circunstancias del mundo exterior.

Los atributos con los que somos recibidos en este mundo, nuestra genética, el ambiente inicial que nos acoge, y las circunstancias sociales y culturales que nos rodean, sirven como el lienzo sobre el cual empezaremos a descubrir nuestros destinos. A medida que transitamos por la vida, este lienzo inicial se va enriqueciendo con cada experiencia, con cada estímulo externo que nos impacta. En este proceso de construcción surge una tendencia a interpretar lo positivo, aquellos logros y virtudes que nos embellecen, como productos de nuestra propia creación. Nos adjudicamos la autoría de lo bueno, viéndolo como el merecido resultado de nuestra voluntad, trabajo y perseverancia.

Lo negativo, frecuentemente buscamos explicarlo a través de factores externos a nosotros mismos. Los padres descuidados, los accidentes, la genética pobre, los traumas de relaciones pasadas y otras circunstancias adversas se convierten en los responsables de nuestras debilidades y fracasos. Con esta externalización de la culpa demostramos entender, al menos parcialmente, que la vida está determinada. Nuestro deseo de sentirnos competentes, valiosos y libres contrasta con nuestra aversión a ver la realidad de que somos marionetas del universo.

La capacidad de engañarnos

La mente es poderosa. Tan poderosa que tiende a engañarnos.

La creencia de que simplemente atraemos lo que manifestamos y visualizamos, o la idea de que somos infelices por elección, revela una falta de comprensión profunda sobre la diversidad de circunstancias humanas y la disparidad en las posibilidades de cambio. Esta visión, aunque pueda ofrecer consuelo o motivación a algunos, ignora crudamente la realidad de aquellos cuyas situaciones trascienden la capacidad de ser alteradas por el mero poder del pensamiento positivo o la voluntad personal.

El niño diagnosticado con cáncer terminal a los dos años no va a superar esa desgracia con discursos de motivación que ni siquiera es capaz de entender. La joven que se encuentra en el umbral de la muerte, contusionada de gravedad en la cabeza, desangrándose tras caerle un árbol encima mientras caminaba en una cálida tarde de verano, no hallará salvación en el poder del pensamiento positivo.

Promulgar que todo individuo puede superar cualquier adversidad con una actitud determinada es cruel y peligroso, incluso cuando las intenciones de quien sermonea son buenas. Esta ideología culpabiliza al que sufre, sugiriendo que el dolor es el resultado de una falta de esfuerzo o voluntad. Aunque es positivo centrarse en que somos los capitanes de nuestras vidas, la realidad es que no todas las batallas pueden ganarse con la mente.

La realidad es una bestia indomable que se ríe de nuestras pretensiones de control. Armados con la bandera de las buenas intenciones nos adentramos más en el laberinto de consecuencias imprevistas. El afán por solucionar los males del mundo a menudo los intensifica.

Entre intelectuales y demás personalidades públicas se ha vuelto común la idea de que su pensamiento está libre de ideologías, como si ellos fuesen dioses del intelecto, capaces de abstraerse del filtro con el que todo humano observa la realidad. Por muchos libros que hayas leído o tengas en tu biblioteca, y por muy puro que sea tu pensamiento, no tienes forma de escapar de las ideologías. Este hecho no es necesariamente negativo. Somos navegantes en el mar de las ideas.

Quien se cree capaz de ver el mundo tal cual es, sin filtros, sin prejuicios, como si su mente fuera un espejo perfecto de la realidad, es un ignorante arrogante. Todos, sin importar el nivel de erudición o agudeza intelectual, estamos inmersos en el mar de las ideas, presentes y pasadas. Las ideologías son la lente a través de la cual interpretamos el mundo. Las ideologías son como el aire que respiramos, a menudo tan sutiles que olvidamos su presencia constante. Están incrustadas en cada aspecto de nuestra vida, incluso en los retretes, las tazas de baño.

El diseño del inodoro occidental es más que un simple artefacto sanitario; es un símbolo cargado de ideología, una manifestación física de lo que nuestra sociedad considera avanzado y civilizado en términos de higiene personal. Este trono, a menudo de porcelana, diseñado para ser usado sentados, revela prejuicios culturales sobre la manera "correcta" de llevar a cabo nuestras necesidades más básicas.

Por otro lado, el agujero en el suelo, utilizado en muchos países asiáticos y otras partes del mundo, representa otra ideología, más antigua, sencilla y económica. Siendo más fácil de construir, limpiar y mantener, también promueve la adopción de la postura de la sentadilla, la cual es reconocida por estudios científicos como más saludable y natural para el cuerpo humano. La capacidad de adoptar y mantener esta postura con comodidad desde una edad temprana es algo que la mayoría de los occidentales encuentra difícil de alcanzar.

El retrete elevado denota una superioridad cultural, propia de las sociedades en decadencia, que menosprecia el agujero en el suelo como algo primitivo, perpetuando una jerarquía ideológica que valora ciertas prácticas higiénicas sobre otras en base a normas culturales y estéticas, más que a consideraciones de salud y eficiencia. La producción, venta e instalación de retretes es una industria gigantesca de la que muchas personas viven. Lo mismo ocurre con la industria del calzado, pero a una escala aún mayor.

En un mundo en el que todo parece querer comulgar con el modelo científico, donde la rigurosidad y el escrutinio se aplican a prácticamente todos los aspectos de la vida, desde la dieta hasta la calidad del aire que respiramos, resulta paradójico que algo tan fundamental como lo que nos conecta con el suelo, el calzado, haya escapado a este examen crítico.

La mayoría de los zapatos han sido diseñados y rediseñados con un enfoque que ignora las estructuras naturales y las necesidades del pie humano. La evolución del calzado moderno ha privilegiado la estética y la moda sobre la funcionalidad y la salud, aprisionando los pies en estructuras rígidas que limitan su movimiento natural, deforman su arquitectura y atrofian sus músculos. Esta transformación no ha ocurrido de la noche a la mañana, sino que ha sido un proceso lento, durante el cual incluso los podólogos y atletas han ido convirtiéndose en adeptos de un trato precario a los pies.

El calzado minimalista, aquel diseñado para imitar la experiencia de andar descalzo, preservando la libertad de movimiento, la alineación natural del pie y protegiéndolo de roces y cortes, ofrece una alternativa que se alinea más con los principios de la biomecánica y la salud podológica. Este tipo de calzado, cuyos orígenes van mucho más allá de los espartanos, es una aproximación más simple, económica y saludable al diseño moderno del calzado. A pesar de sus beneficios, es a menudo marginado y desacreditado, percibido por muchos como primitivo.

Esta resistencia al calzado minimalista es un reflejo de la batalla ideológica más amplia en la que lo "moderno" y lo "avanzado" son valorados intrínsecamente mejor que lo "antiguo" o "primitivo". Las empresas de calzado, que se benefician enormemente de la venta de modelos nuevos cada temporada, tienen poco incentivo por promover una alternativa que desafía el ciclo constante de consumo y reemplazo al que estamos habituados.

Estos dos ejemplos, el retrete y los zapatos, son recordatorios de que debemos tener cuidado con los representantes de la objetividad pura que sostienen que es posible operar al margen de cualquier sistema ideológico preconcebido. Sus adherentes proclaman haber transcendido las limitaciones de las visiones del mundo tradicional, argumentando que sus perspectivas y acciones están libres de cualquier sesgo ideológico, guiadas únicamente por la lógica y el sentido común. Esta afirmación de estar más allá de la ideología, revela una ideología, la ideología de la "no ideología". Al negar su propia naturaleza ideológica, tienden a ocultar las bases sobre las cuales se construyen sus juicios y decisiones, presentándolos como si fueran el resultado inevitable de una lógica pura y objetiva. Esta es una forma de complacencia intelectual, donde el rechazo a reconocer y confrontar la propia ideología se traduce en una incapacidad para dialogar con perspectivas diferentes. La sabiduría no reside en la pretensión de haber escapado de la ideología, sino en reconocer cuál es la nuestra.

La máscara de la bondad

¿Y si tú eres más tóxico que nadie, pero no lo sabes? Los manuales para egocentristas que buscan la autocomplacencia te invitan a vivir en una fortaleza, aislado de todos aquellos que no traen sonrisas a tu vida. Cuando alguien nos irrita profundamente, es tentador atribuir toda la responsabilidad de nuestro malestar a esa persona. Ese roce emocional tiende a ser un espejo que refleja aspectos de nosotros mismos que no queremos enfrentar. La intensidad de nuestra reacción ante una persona que no nos gusta a menudo señala que hay algo más profundo en juego, algo que va más allá de la mera incompatibilidad de personalidades.

¿Qué sucede cuando el veneno lo llevas tú en tu copa, repartiendo sorbos amargos con sonrisas y buenas intenciones? Esta es la realidad de muchas personas obsesionadas por evitar la "toxicidad" en sus vidas.

Es fácil identificar a los villanos cuando los pintamos con los colores oscuros de nuestras propias inseguridades y miedos. La toxicidad no siempre se presenta con señales de advertencia. A menudo, se infiltra en nuestras buenas intenciones con la tiranía de un optimismo forzado o en la arrogancia de creer que sabemos lo que es mejor para los demás.

Los guardianes de la positividad, los campeones en la cruzada contra la toxicidad, pueden esconder una realidad siniestra en la sombra de sus buenas intenciones. Son maestros del disfraz, expertos en el arte de envolver amargura con cintas de bondad, convencidos de que su veneno es el antídoto.

Esta es la paradoja de aquellos obsesionados con erradicar la "toxicidad" de sus vidas: en su ferviente deseo de purificar su entorno, se han convertido en los principales distribuidores de la sustancia que buscan evitar. Con cada consejo no solicitado, con cada crítica velada por preocupación, con cada acto de ayuda que subraya la incapacidad del otro, vierten el veneno de la superioridad moral.

En su cruzada por un mundo libre de negatividad, estos alquimistas modernos mezclan sin saberlo un brebaje tóxico de expectativas imposibles y estándares inalcanzables, no solo para los demás, sino para sí mismos.

La popularidad de libros y teorías sobre la gestión de "buenas" y "malas" personas contrasta con el rechazo superficial hacia los libros de autoayuda. "Yo no leo autoayuda", proclaman con orgullo, como si el acto de despreciar un género entero fuera una medalla de honor, un certificado de su complejidad y refinamiento intelectual. Esta postura es una profunda inseguridad vestida de arrogancia. Aquellos que desprecian la autoayuda suelen ser quienes más la necesitan.

Todos necesitamos ayuda. La filosofía es la autoayuda original. Sócrates, Platón, Aristóteles, y sí, incluso los estoicos, eran los gurús de autoayuda de su tiempo, explorando y enseñando el arte de vivir, el cual es el propósito último de cualquier libro de autoayuda que se precie. Los filósofos de la antigüedad no eran teóricos abstractos, sino guías espirituales y mentales cuyo trabajo tenía aplicaciones prácticas directas en la vida cotidiana de las personas. La ética, uno de los pilares de la filosofía, es esencialmente un estudio sobre cómo vivir bien.

La búsqueda de una vida mejor es una empresa tan antigua como la humanidad. Despreciar los libros de autoayuda es una forma de elitismo intelectual, un rechazo a reconocer que bajo nuestras máscaras, todos compartimos las mismas inquietudes.

Los vendedores de falsas esperanzas han existido siempre. Su presencia no invalida la búsqueda legítima de crecimiento y comprensión personal. Condenar todo el género de autoayuda por sus impostores es como rechazar toda la música por las muchas canciones que no nos gustan.

Si un libro de autoayuda, con toda su desprestigiada simplicidad, puede ofrecernos una pizca de luz en nuestro camino, entonces, bienvenido sea.

CÓMO HACER QUE TE PASEN COSAS MALAS: APRENDE DE LO MALO, PARA EVITARLO

Primera edición. 17 de febrero de 2024.

contacto@josepenacoto.com

AVISO LEGAL

Visita www.josepenacoto.com y podrás inscribirte para recibir correos electrónicos cada vez que publique un nuevo libro.

9 798224 202997